"La Tierra es la cuna de la humanidad, pero no se puede vivir en la cuna para siempre".

Konstantín Tsiolkovski, padre de la astronáutica

Los humanos somos animales curiosos. Las ganas de conocer y la búsqueda de nuevos recursos nos han empujado a escalar montañas, conquistar los polos o cruzar inmensos mares. Esta búsqueda incansable nos ha llevado hasta el espacio. Hacemos cohetes que nos propulsan a la órbita terrestre y nos permiten dejar nuestra huella en la Luna.

Más allá, nos espera la última frontera: Marte.

El Planeta Rojo, un espejo en el que mirarnos. El destino inevitable si queremos convertirnos en una especie multiplanetaria. Será un proceso largo, que empezará con pequeñas bases científicas ocultas entre cráteres y terminará con enormes ciudades autosostenibles.

¿Cómo será el viaje de la Tierra a Marte? ¿Qué nos encontraremos al aterrizar? ¿De dónde sacaremos el oxígeno y la comida? En este libro encontrarás respuesta a muchas preguntas sobre cómo será el día a día en una ciudad marciana.

¡ATRÉVETE A ACOMPAÑARNOS EN LA AVENTURA MÁS GRANDE QUE SE HA CONTADO NUNCA!

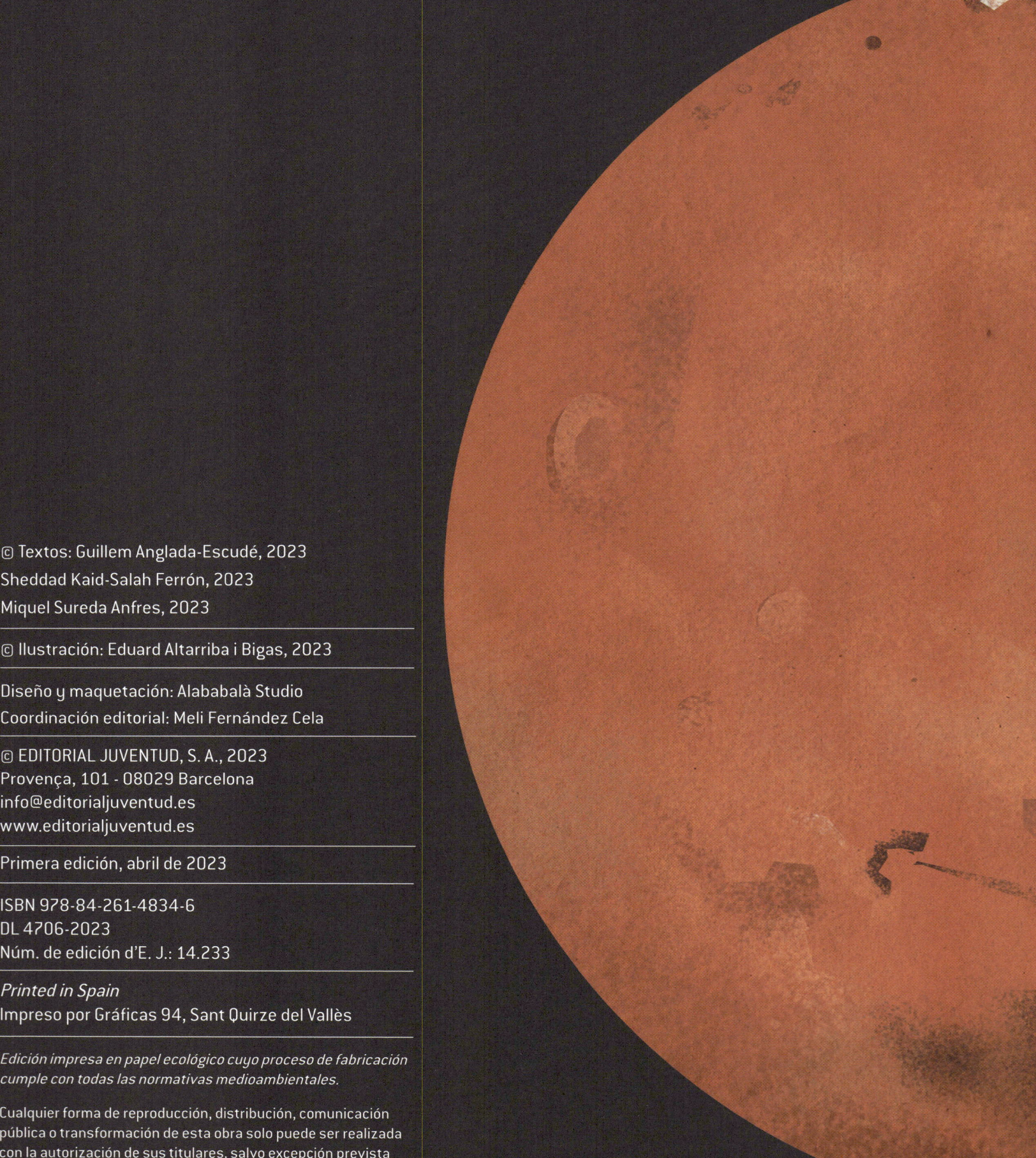

© Textos: Guillem Anglada-Escudé, 2023
Sheddad Kaid-Salah Ferrón, 2023
Miquel Sureda Anfres, 2023

© Ilustración: Eduard Altarriba i Bigas, 2023

Diseño y maquetación: Alababalà Studio
Coordinación editorial: Meli Fernández Cela

© EDITORIAL JUVENTUD, S. A., 2023
Provença, 101 - 08029 Barcelona
info@editorialjuventud.es
www.editorialjuventud.es

Primera edición, abril de 2023

ISBN 978-84-261-4834-6
DL 4706-2023
Núm. de edición d'E. J.: 14.233

Printed in Spain
Impreso por Gráficas 94, Sant Quirze del Vallès

Edición impresa en papel ecológico cuyo proceso de fabricación cumple con todas las normativas medioambientales.

Cualquier forma de reproducción, distribución, comunicación pública o transformación de esta obra solo puede ser realizada con la autorización de sus titulares, salvo excepción prevista por la ley. Diríjase a CEDRO (www.conlicencia.com) si necesita fotocopiar o escanear algún fragmento de esta obra.

04	Mitos
06	Marte y la Tierra: planetas hermanos
08	Fobos y Deimos
10	Viento solar
12	La radiación cósmica
14	La atmósfera
16	El clima
18	El agua
20	Un destino difícil de alcanzar
22	Órbitas
24	Un poco de mecánica orbital
26	El lanzamiento y la nave
28	Jugando con la gravedad
30	Futuros viajes
32	Desplegando la base 0
36	Una ciudad en Marte
38	Viviendas
40	El coste de un ciudadano
42	Vida comunitaria
44	Energía
46	Parques y zonas verdes
48	Dieta marciana
50	Transporte
52	La sociedad
54	Terraformación

Los romanos dieron a este planeta el nombre de Marte en honor a su dios de la guerra (Ares para los griegos), que representaba la violencia, la pasión, la crueldad, y era muy venerado por los guerreros romanos, pues creían que él los conduciría a la victoria.

火星　　　मंगल　　　מאדים

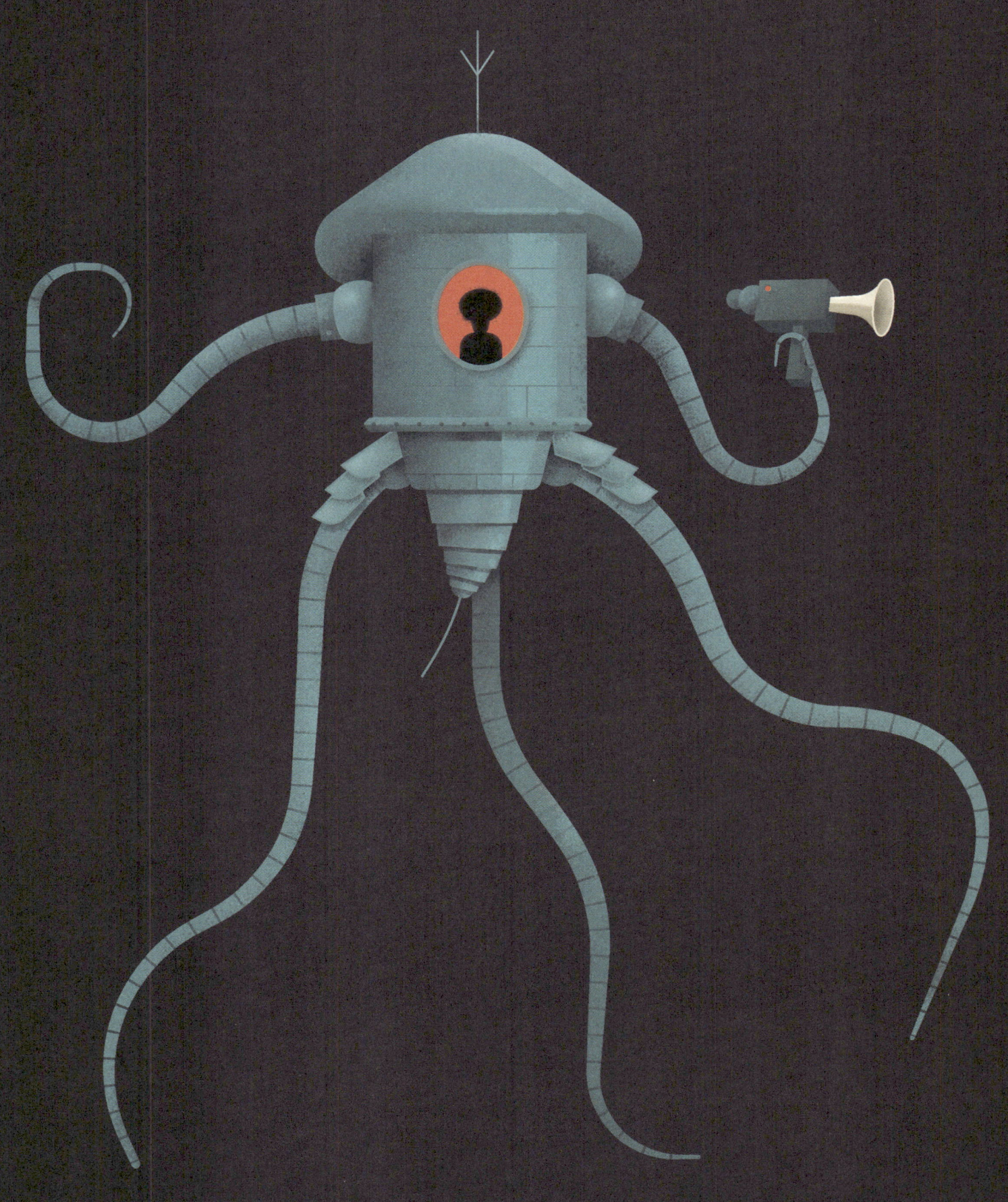

Explorando (y explotando) nuestro propio planeta, los humanos empezamos a comprender la inmensidad del cosmos y a imaginar cómo podían ser los seres vivos del espacio y de Marte, el planeta más similar al nuestro. Tal vez necesitábamos un nuevo tipo de antagonistas exóticos, tal vez comenzamos a sentir la extrañeza y soledad de ser el único planeta "vivo".

Y empezamos a explicarnos historias de Marte a través de libros, imágenes, cómics, películas e incluso teorías científicas, convirtiéndolo en un espejo para nuestras esperanzas y miedos. Esas historias han ido cambiando a medida que hemos ido estudiando y conociendo al llamado Planeta Rojo. Hoy en día, nadie espera encontrar pequeños hombres verdes en Marte, pero uno de nuestros principales objetivos sigue siendo encontrar formas de vida pasadas o presentes.

MARTE y LA TIERRA: PLANETAS HERMANOS

De todos los planetas del sistema solar, Marte es el más parecido a la Tierra. Es un planeta rocoso; la duración de sus días y la inclinación de su eje de rotación son casi idénticas a las terrestres. Además, tiene dos casquetes permanentes de hielo de agua en sus polos.

Pese a las similitudes entre los dos planetas, Marte tiene importantes características que son distintas a las de la Tierra y hacen que habitarlo algún día sea todo un reto. Las principales diferencias con nuestro planeta son su baja temperatura media y la falta de agua líquida en la superficie, su atmósfera tenue, carente de oxígeno, su débil campo magnético y su poca gravedad.

SUPERFICIE	RADIO	MASA	DISTANCIA MEDIA DEL SOL
144 millones km²	3390 km	$6,39 \times 10^{23}$ kg	228 millones km
510 millones km²	6371 km	$5,97 \times 10^{24}$ kg	150 millones km

TEMPERATURA MEDIA	DÍA SOLAR	AÑO	GRAVEDAD EN SUPERFICIE
 -63 °C	 24 horas y 37 minutos *Llamamos sol a un día solar marciano*	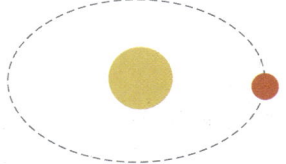 668 soles marcianos	 3,7 m/s²
 14 °C	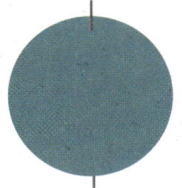 23 horas y 56 minutos	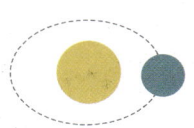 365 días terrestres	 9,8 m/s²

FOBOS y DEIMOS

La gravedad de Marte mantiene a estas dos lunas en su órbita, y además las deforma ligeramente en lo que se conoce como fuerzas de marea. Debido al efecto acumulado de estas fuerzas, Fobos y Deimos muestran siempre la misma cara a Marte, igual que nuestra Luna muestra siempre la misma cara a la Tierra.

FOBOS

Es una pequeña roca, con un radio medio de unos 11 kilómetros, que orbita a una velocidad muy elevada. ¡Se mueve alrededor del planeta más rápido de lo que Marte tarda en girar sobre sí mismo!

Pero la órbita de Fobos se encuentra muy cerca de Marte, a unos 6000 kilómetros de la superficie. Su proximidad y las fuerzas de marea hacen que su velocidad orbital, poco a poco, vaya disminuyendo. Como consecuencia de su ralentización, se estima que acabará colisionando con Marte dentro de unos 50 a 100 millones de años. Eso si no se desintegra antes.

El cráter Stickney tiene unos 9 km de diámetro, un poco menor que el radio de Fobos.

Asaph Hall descubrió en 1877 las dos pequeñas lunas de Marte. Las llamó Fobos (miedo) y Deimos (terror), en honor a los dos hijos gemelos que tuvo Ares (Marte) con Afrodita, la diosa de la belleza, y que acompañaban siempre a su padre en las batallas.

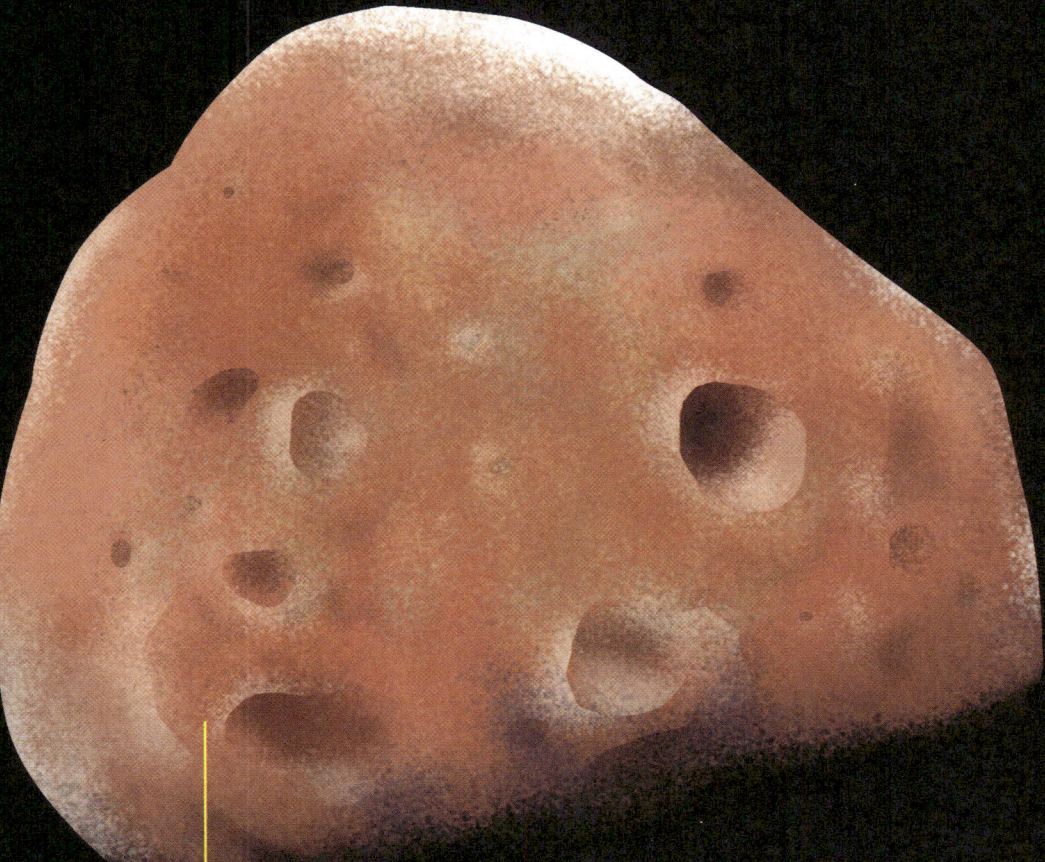

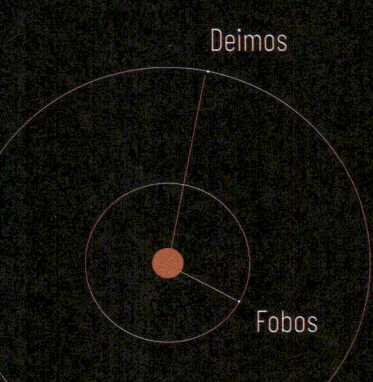

DEIMOS
Más pequeño y externo que Fobos, Deimos tan solo tiene un radio medio de unos 6 km.

Al ser tan pequeños, los dos satélites de Marte apenas se ven como un punto en el cielo marciano.

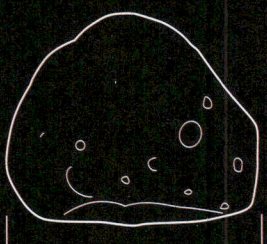

DEIMOS: 12 km

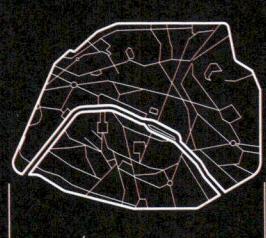

PARÍS (ciudad): 12 km

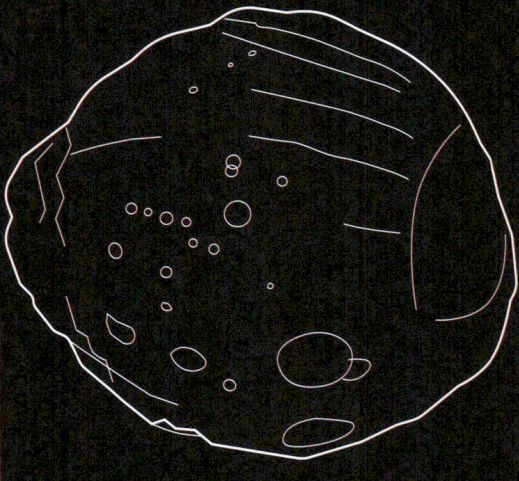

FOBOS: 27 km

LUNA: 3476 km

La exploración espacial presenta una serie de enormes retos. Apenas salimos de la seguridad que nos ofrece nuestro planeta, nos enfrentamos a dos de las principales amenazas del universo: el viento solar y la radiación cósmica.

EL VIENTO SOLAR

El viento solar es una corriente de partículas muy energéticas (básicamente protones, electrones y partículas alfa) que se liberan desde la corona solar, la atmósfera superior del Sol.
El viento solar es muy nocivo y peligroso para los seres vivos.

Aunque por suerte no ocurre muy a menudo, a veces el Sol puede expulsar una mayor cantidad de partículas muy energéticas; son las peligrosísimas tormentas solares.

Nuestro sistema solar gira alrededor de una única estrella, el Sol, que con su gran masa mantiene unidos gravitatoriamente el resto de cuerpos celestes que orbitan a su alrededor.

El Sol es una gran esfera caliente de plasma, formada principalmente por hidrógeno y helio. Es una estrella común, no tiene nada de especial, excepto que es la nuestra, claro. La que nos proporciona la energía necesaria para la vida en la Tierra.

Es una estrella del tipo enana amarilla. Enana, porque es pequeña comparada con otras estrellas más grandes, y amarilla, por el color de su superficie. Pero, pese a ser pequeña, tiene casi 1 400 000 km de diámetro: ¡En su interior cabrían más de 1 000 000 de tierras!

Debido a las reacciones de fusión nuclear, su interior está muy caliente, a unos 10 millones de grados. En cambio, su superficie es mucho más fría, está a una temperatura de 5500 °C.

LA MAGNETOSFERA

El núcleo interno de la Tierra es una masa líquida, de hierro y níquel fundidos, que al moverse crea corrientes eléctricas que producen el campo geomagnético; a ese efecto se le llama la dinamo terrestre.

El interior de la Tierra se comporta como un imán y, como todo imán, tiene un polo norte y un polo sur, y su eje está cerca del eje de rotación de la Tierra.

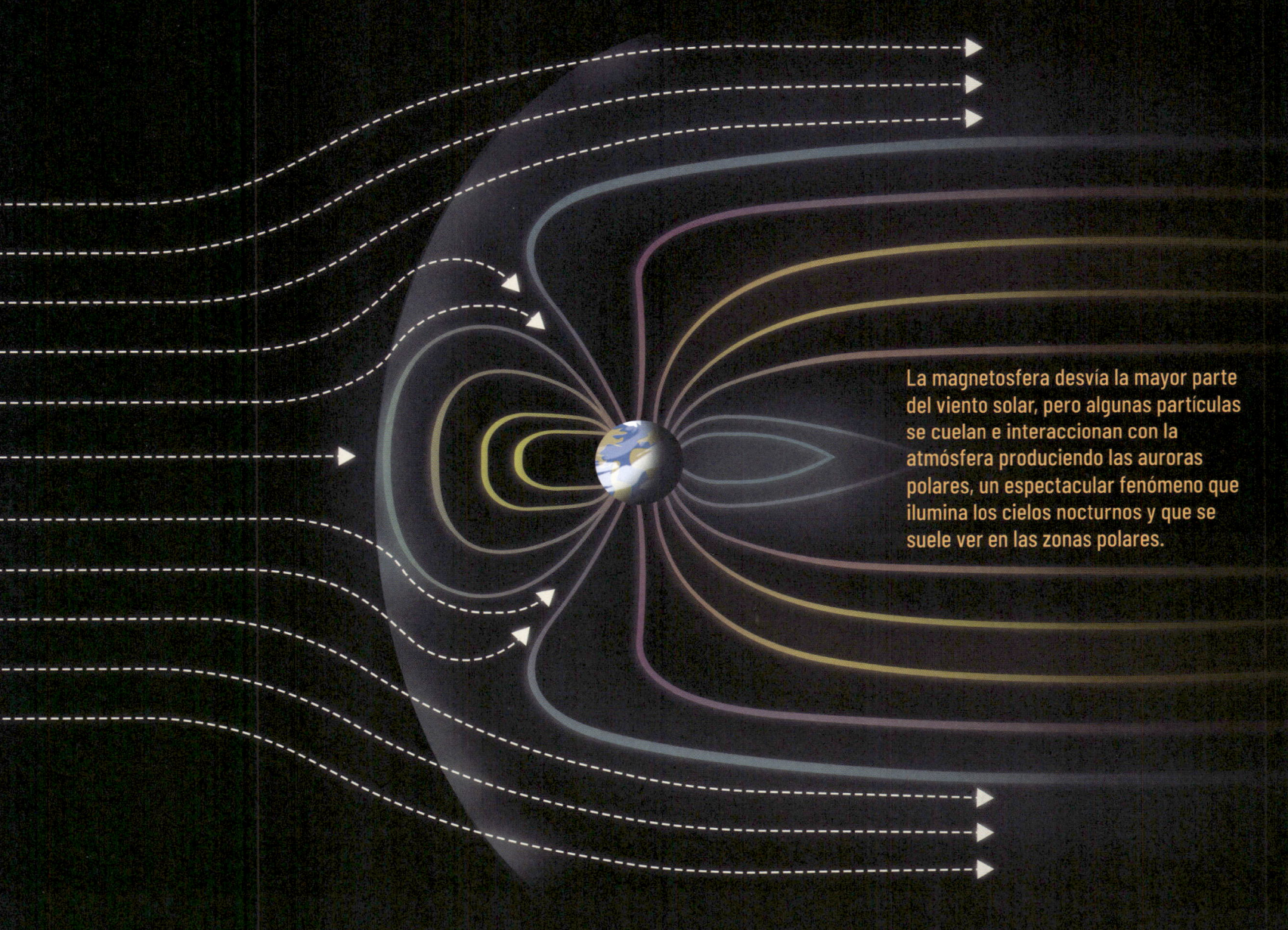

La magnetosfera desvía la mayor parte del viento solar, pero algunas partículas se cuelan e interaccionan con la atmósfera produciendo las auroras polares, un espectacular fenómeno que ilumina los cielos nocturnos y que se suele ver en las zonas polares.

En un planeta con una magnetosfera muy débil, como Marte, las partículas del viento solar chocan contra las partículas de su atmósfera y las arrastran hasta el espacio exterior, provocando que, poco a poco, la atmósfera se debilite y agote hasta prácticamente desaparecer.

LA RADIACIÓN CÓSMICA

La radiación cósmica, o rayos cósmicos, son principalmente partículas con carga eléctrica procedentes del espacio exterior que van a mucha velocidad (algunas casi a la velocidad de la luz), por lo que son muy energéticas. Estas partículas provienen de todas direcciones y son altamente nocivas para cualquier clase de vida: animales, plantas, hongos y microorganismos porque pueden penetrar e incluso atravesar los organismos dañando sus células.

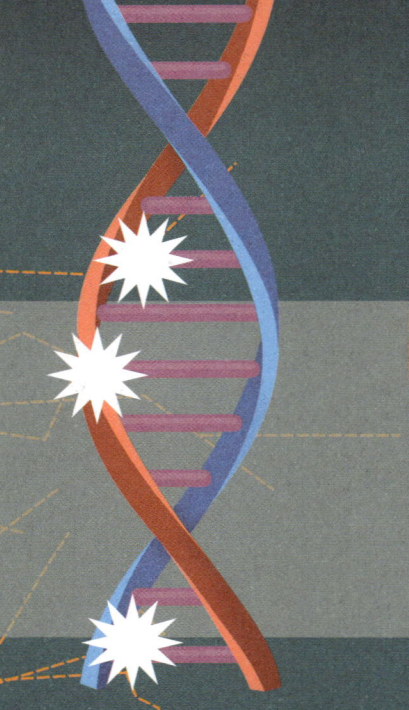

A su paso a través de las células, las partículas de la radiación cósmica pueden provocar daños celulares irreparables, haciendo que las células dejen de funcionar normalmente y pierdan la capacidad de curarse a sí mismas.

La radiación es uno de los principales problemas tanto para establecerse en Marte como para viajar hasta allí. Porque, desde que abandonan la Tierra y su magnetosfera protectora, los astronautas quedan expuestos a dosis muy altas de radiación cósmica que pueden ser letales.

El campo magnético es nuestro escudo

La magnetosfera es la capa que el campo geomagnético forma alrededor de la Tierra, un escudo protector que nos resguarda del viento solar y de la radiación cósmica.

MAGNETOSFERA

Rayos cósmicos

Viento solar

El campo magnético de la Tierra nos preserva de gran parte de las partículas que nos llegan. Muy pocas interactúan con la atmósfera y alcanzan la superficie. Sin esa protección, nuestro planeta no tendría prácticamente atmósfera y habría mucha radiación en la superficie: ¡la vida sería mucho más difícil!

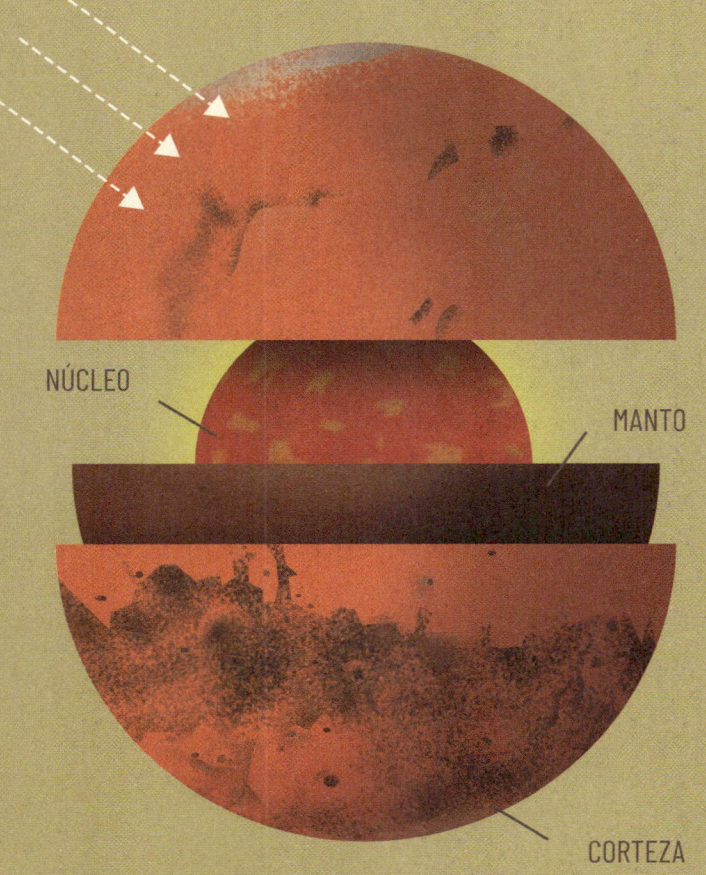

NÚCLEO

MANTO

CORTEZA

A diferencia de la Tierra, Marte no posee una magnetosfera que lo proteja de la radiación cósmica y el viento solar.

Poco después de su formación, Marte gozaba de unas condiciones similares a las de la Tierra: poseía un núcleo de hierro fundido en rotación, su propia dinamo, capaz de generar una magnetosfera que lo resguardaba del viento solar y la radiación cósmica, y le permitía tener una atmósfera estable.

Pero con el tiempo, debido a su menor tamaño, la situación fue cambiando: el núcleo marciano, más pequeño y menos energético que el terrestre, se acabó enfriando hará unos 3500 millones de años y prácticamente dejó de rotar. La dinamo de Marte dejó de funcionar y perdió su capacidad de generar un campo magnético protector.

LA ATMÓSFERA

La atmósfera de un planeta es la capa gaseosa que lo envuelve. La gravedad del planeta atrae los gases y, si es lo suficiente fuerte, quedan atrapados. Cuanto más débil sea la gravedad, más le costará al planeta retener las partículas que forman los gases de su atmósfera.

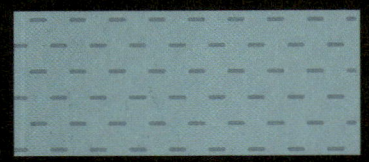 A diferencia de la de la Tierra, la atmósfera marciana es una capa muy delgada de gases, unas 100 veces menos densa que la terrestre, por lo que es muy tenue y ligera.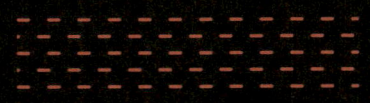

COMPOSICIÓN

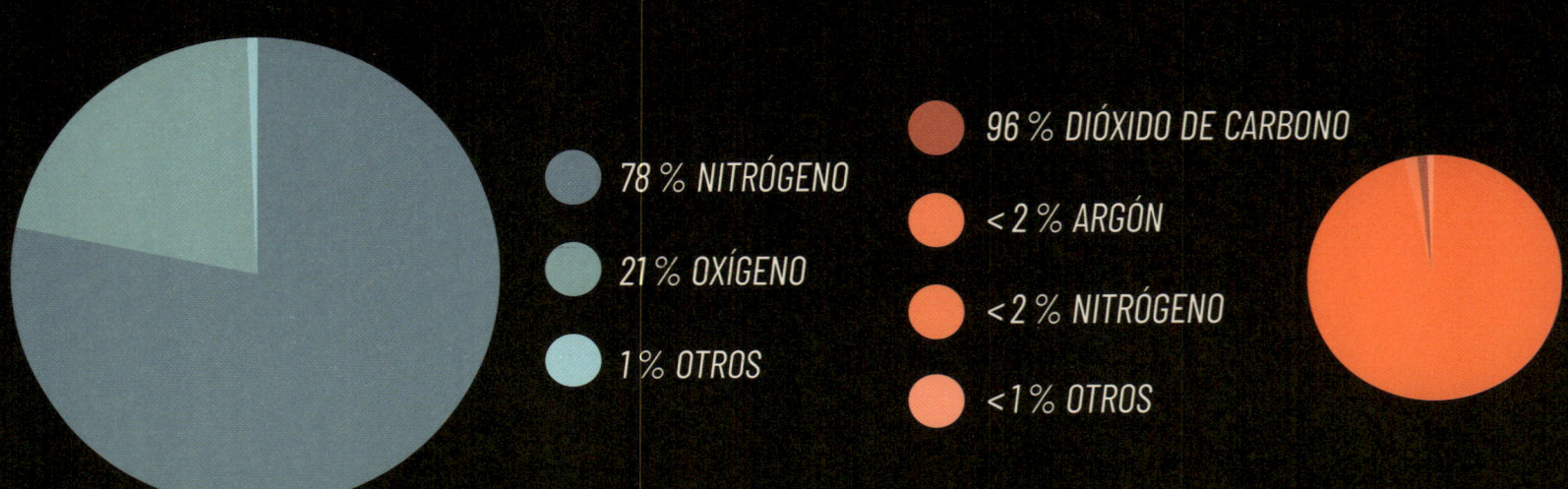

- 78 % NITRÓGENO
- 21 % OXÍGENO
- 1 % OTROS

- 96 % DIÓXIDO DE CARBONO
- < 2 % ARGÓN
- < 2 % NITRÓGENO
- < 1 % OTROS

RESPIRAR EN MARTE

El gas más abundante en Marte es el dióxido de carbono, un gas que, en altas concentraciones, es venenoso para nosotros. En nuestra atmósfera representa menos del 0,1 % pero en la de Marte… ¡es el 96 % ! El oxígeno es prácticamente inexistente, por lo tanto, la atmósfera marciana no es respirable.

Para poder sobrevivir en la superficie marciana necesitaremos trajes espaciales que nos suministren protección y oxígeno para respirar. Sin el casco y el traje nos asfixiaríamos y, debido a la baja presión atmosférica, nos herviría la sangre… ¡Y las dos cosas ocurrirían casi al mismo tiempo!

Pérdida de la atmósfera

La atmósfera de Marte se escapa al espacio exterior de forma lenta pero continua. Al no tener magnetosfera, las partículas del viento solar chocan con las partículas de su atmósfera, haciendo que algunas tengan la suficiente velocidad como para escapar del planeta; la atmósfera marciana se ha ido agotando a lo largo del tiempo hasta quedarse en una delgada y leve capa de gases.

El misterio del metano

La detección en 2004, por la sonda *Mars Express*, de gas metano (CH_4) en la atmósfera de Marte fue una gran sorpresa para la comunidad científica, pues en la Tierra el metano lo producen algunos procesos geológicos, pero sobre todo, los seres vivos. Los datos obtenidos por otras misiones no aclaran cómo se forma ni cómo se destruye el metano en Marte; tendremos que seguir investigando y recabando información para esclarecer el misterio.

EL CLIMA

El clima en Marte es extremo en comparación con la Tierra. Es un planeta mucho más frío y seco, con un gran contraste de temperaturas y con inmensas tormentas de polvo que pueden llegar a cubrir todo el planeta.

DIFERENCIAS EXTREMAS

La variación de temperaturas entre el día y la noche es muy elevada.

En verano, en el ecuador, las temperaturas máximas diurnas pueden llegar a los 35 °C, mientras que las mínimas nocturnas alcanzan fácilmente los -80 °C. ¡Más de 100 °C de diferencia!

Aunque la temperatura media del planeta es de -63 °C, las temperaturas de la superficie varían desde mínimas de unos -143 °C en los casquetes polares en invierno, hasta máximas de 35 °C en el verano ecuatorial.

Esta gran diferencia de temperatura se debe, principalmente, a que la delgada y tenue atmósfera marciana no puede retener mucho calor.

Temperatura media de la superficie marciana:
-63 °C

Los rovers y aterrizadores más modernos tienen estaciones meteorológicas completas que nos proporcionan información sobre el clima en las diversas zonas en las que se encuentran.

-143 °C

HEMISFERIO NORTE
ECUADOR
HEMISFERIO SUR

-143 °C

Diferencia térmica

En el verano ecuatorial la diferencia de temperatura entre el día y la noche ¡es de más de 100 °C!

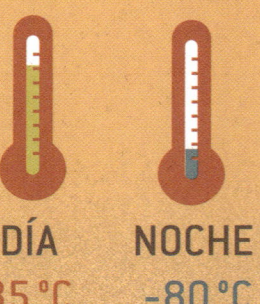

DÍA 35 °C   NOCHE -80 °C

El traje de superficie debe contar con un sistema de calefacción regulable

La diferencia de temperatura entre la zona expuesta al Sol y la sombra puede ser de decenas de grados

Las estaciones en Marte

HEMISFERIO NORTE
Año marciano: 687 días
HEMISFERIO SUR

PRIMAVERA	VERANO	OTOÑO	INVIERNO
OTOÑO	INVIERNO	PRIMAVERA	VERANO
199 días marcianos	183 días marcianos	147 días marcianos	154 días marcianos

La inclinación del eje de rotación de la Tierra y de Marte, respecto al plano de su órbita, es muy parecida. Por eso Marte también tiene estaciones y son distintas entre los dos hemisferios. Cuando es primavera o verano en el hemisferio norte, es otoño o invierno en el hemisferio sur, y viceversa.

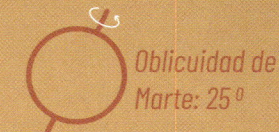
Oblicuidad de Marte: 25º

Otra cosa curiosa es que, como la órbita de Marte es mucho más excéntrica que la de la Tierra (no es un círculo perfecto y la distancia al Sol cambia en función de la posición del planeta), las estaciones de Marte tienen una duración diferente en los hemisferios norte y sur. En el hemisferio norte, la primavera y el verano son más largos que el otoño y el invierno.

Oblicuidad de la Tierra: 23º

Las tormentas de arena

Marte sufre unas impresionantes tormentas de polvo y arena que pueden dejar su superficie totalmente cubierta durante varias semanas e incluso meses. Se trata de uno de los fenómenos meteorológicos más importantes del planeta.

Las partículas de polvo marciano son muy pequeñas y ligeras, e incluso un viento moderado puede levantar nubes de polvo. Pero el origen de las espectaculares tormentas son los vientos de hasta 150 km/h que suelen aparecer a finales de primavera en el hemisferio sur, cuando Marte está más cerca del Sol y las altas temperaturas hacen que el suelo pierda su humedad. La enorme cantidad de polvo en suspensión provoca una neblina amarilla que oscurece la atmósfera, interfiriendo en la entrada de energía solar y provocando que bajen las temperaturas.

Los torbellinos de polvo o "diablos de polvo" son parecidos a los tornados de los desiertos terrestres. Se originan cuando el Sol calienta el suelo y el aire asciende muy deprisa, formando una columna de aire y polvo que gira muy rápido y se desplaza

EL AGUA

La vida, tal y como la conocemos, necesita agua para su subsistencia. Establecer una colonia humana en Marte sería imposible sin agua, pero la existencia de agua en el planeta también podría significar que en el pasado hubo alguna forma de vida.

EN EL PASADO

Hay bastantes evidencias de que **Marte tenía abundante agua líquida** y que albergó mares, ríos y torrentes, cuyos rastros han quedado marcados en su superficie.

Aunque hace mucho tiempo que la superficie marciana es árida y seca, las sondas de exploración han encontrado numerosos indicios de su existencia en el pasado: cauces, afluentes y desembocaduras. Marcas causadas por la acción de la erosión del agua de los ríos.

Antiguo delta en el cráter Jezero. © NASA/JPL/JHUAPL/MSSS/Brown University

EL GRAN OCÉANO DE MARTE

En la Era Noeica (4500-3800 Ma), Marte contaba con una **densa atmósfera** y con una **temperatura media mucho más suave** que le permitía tener **agua líquida** de forma permanente en su superficie.

Se piensa que hace unos 4300 Ma existía un mar en el hemisferio norte del planeta, el **océano Boreal**, que ocupaba más o menos el 20 % de su superficie (casi como dos océanos atlánticos). Eso explicaría la diferencia entre la suave y plana superficie del hemisferio norte y la superficie rugosa y llena de cráteres del hemisferio sur.

Ma: millones de años

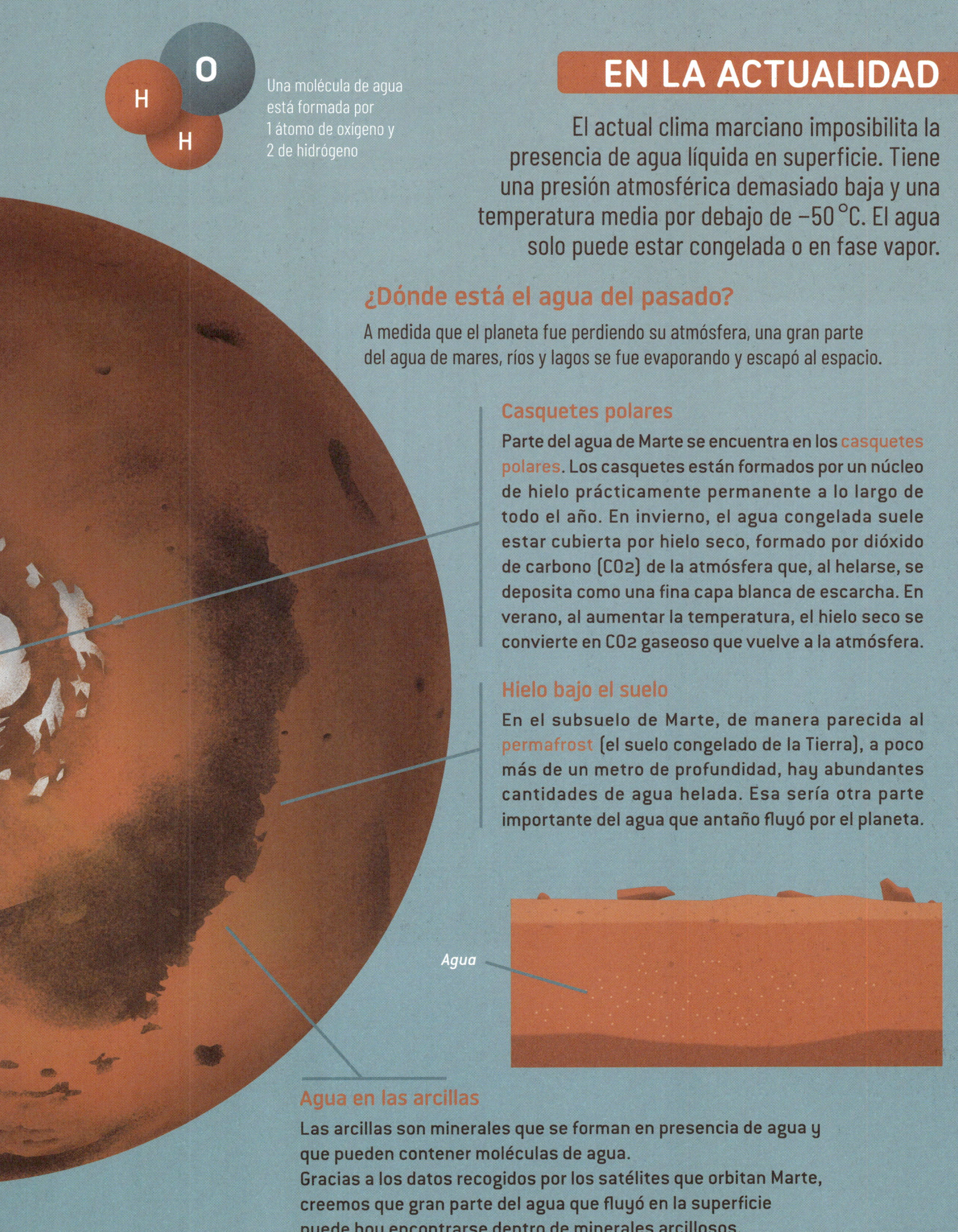

Una molécula de agua está formada por 1 átomo de oxígeno y 2 de hidrógeno

EN LA ACTUALIDAD

El actual clima marciano imposibilita la presencia de agua líquida en superficie. Tiene una presión atmosférica demasiado baja y una temperatura media por debajo de –50 °C. El agua solo puede estar congelada o en fase vapor.

¿Dónde está el agua del pasado?

A medida que el planeta fue perdiendo su atmósfera, una gran parte del agua de mares, ríos y lagos se fue evaporando y escapó al espacio.

Casquetes polares

Parte del agua de Marte se encuentra en los casquetes polares. Los casquetes están formados por un núcleo de hielo prácticamente permanente a lo largo de todo el año. En invierno, el agua congelada suele estar cubierta por hielo seco, formado por dióxido de carbono (CO2) de la atmósfera que, al helarse, se deposita como una fina capa blanca de escarcha. En verano, al aumentar la temperatura, el hielo seco se convierte en CO2 gaseoso que vuelve a la atmósfera.

Hielo bajo el suelo

En el subsuelo de Marte, de manera parecida al permafrost (el suelo congelado de la Tierra), a poco más de un metro de profundidad, hay abundantes cantidades de agua helada. Esa sería otra parte importante del agua que antaño fluyó por el planeta.

Agua

Agua en las arcillas

Las arcillas son minerales que se forman en presencia de agua y que pueden contener moléculas de agua.
Gracias a los datos recogidos por los satélites que orbitan Marte, creemos que gran parte del agua que fluyó en la superficie puede hoy encontrarse dentro de minerales arcillosos.

UN DESTINO DIFÍCIL DE ALCANZAR

Su proximidad y similitud con la Tierra han hecho que Marte sea el planeta más estudiado del sistema solar. Sin embargo, las misiones al Planeta Rojo no siempre han acabado con éxito; casi la mitad han fallado por explosiones durante el lanzamiento, sondas perdidas por el espacio, problemas con las comunicaciones o aterrizadores espachurrados contra su superficie.

URSS / Rusia · EEUU · ESA · India · Rep. Popular China · Japón · Emiratos Árabes · SPACE X

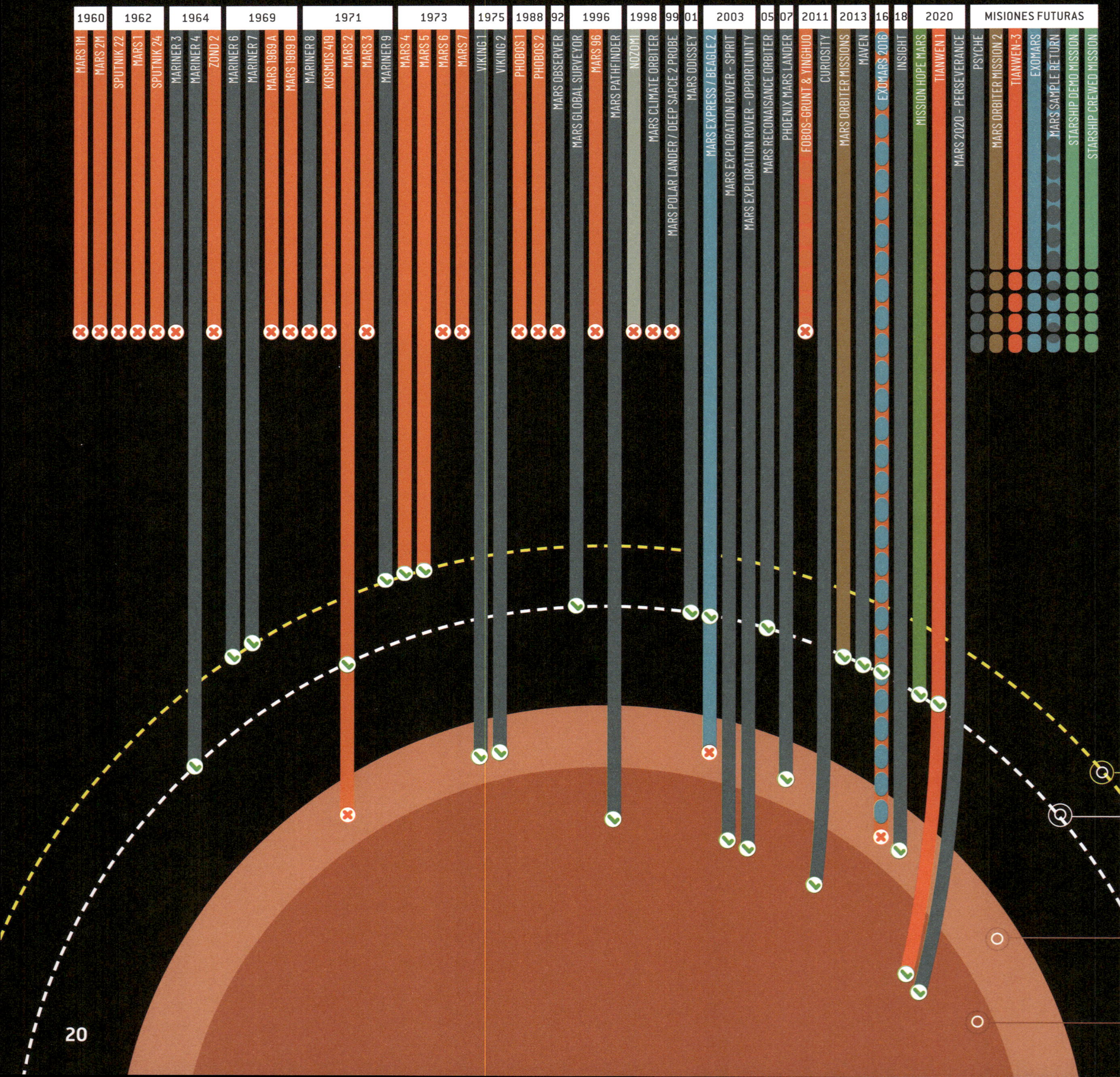

Sobrevuelo

La sonda pasa cerca del planeta para tomar imágenes y datos científicos durante un corto período de tiempo, alejándose luego sin entrar en órbita.

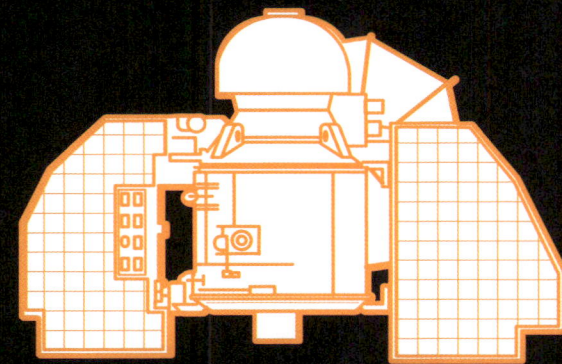

MARS 1M: 1ª MISIÓN A MARTE
URSS - 1960

Fue una misión con dos naves que se lanzaron el 10 y el 14 de octubre del 1960. Ambas naves se perdieron por fallos en los lanzamientos.

MARINER 4
EEUU - 1994

¡Primera misión exitosa a Marte! Logró sobrevolar el planeta a 9600 km de distancia, realizando 21 fotografías de su superficie.

Orbitador

El satélite entra en órbita alrededor de Marte para tomar imágenes, recabar datos científicos o realizar tareas de comunicaciones.

MARS EXPRESS *Europa - 2003*

Primera misión de la Agencia Espacial Europea (ESA) a Marte, que incluía un orbitador y un aterrizador (*Beagle 2*). El orbitador funcionó, logró tomar multitud de fotografías y datos científicos, mientras que el *Beagle 2* no consiguió desplegarse correctamente después de aterrizar.

Aterrizador

El módulo desciende hasta la superficie marciana y permanece ahí inmóvil para usar sus instrumentos científicos.

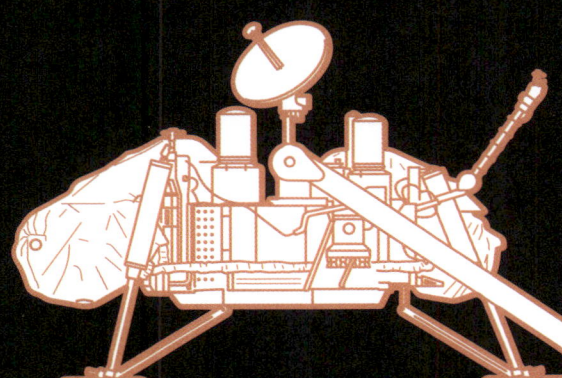

VIKING 1 - PRIMER ATERRIZAJE CONSEGUIDO
EEUU - 1975

Nos envió las primeras imágenes tomadas desde la superficie marciana y efectuó experimentos para buscar rastros de vida.

TIANWEN-1
China - 2020

Esta misión llevó hasta Marte un orbitador, un módulo de aterrizaje y un *rover*, el *Zhurong*.

Rover

El *rover* se posa en la superficie marciana y se desplaza para realizar experimentos en distintos puntos de una zona.

MARS PATHFINDER
EEUU - 1996

El *Sojourner* fue el primer *rover* que logró moverse de forma autónoma por la superficie de un cuerpo diferente a la Tierra.

IINGENUITY

PERSEVERANCE

ROVERS

Los *rovers* más modernos se desplazan por la superficie marciana realizando experimentos complejos para estudiar si Marte tuvo vida en el pasado y preparar la tecnología necesaria para futuras colonias. También pueden incluir pequeños drones capaces de volar en la tenue atmósfera marciana.

ÓRBITAS

Los planetas describen órbitas elípticas alrededor del Sol. La órbita de la Tierra es casi una circunferencia. En cambio, la órbita de Marte, es bastante achatada; tiene una gran excentricidad comparada con la de la Tierra. Por eso la distancia entre el Sol y los planetas (sobre todo Marte) NO es siempre la misma, como tampoco lo es la distancia entre Marte y la Tierra.

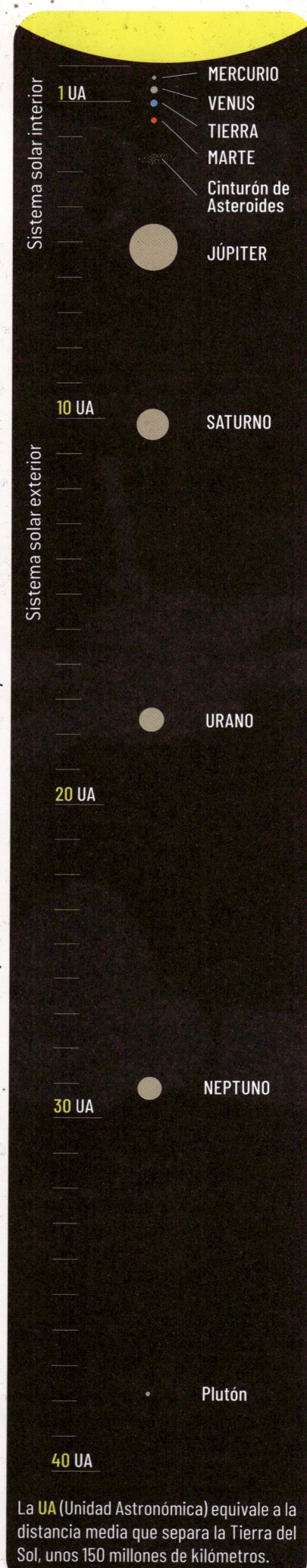

Sistema solar interior
Sistema solar exterior
1 UA
10 UA
20 UA
30 UA
40 UA
MERCURIO
VENUS
TIERRA
MARTE
Cinturón de Asteroides
JÚPITER
SATURNO
URANO
NEPTUNO
Plutón

Los tamaños de los planetas NO están a escala en comparación a las distancias

La **UA** (Unidad Astronómica) equivale a la distancia media que separa la Tierra del Sol, unos 150 millones de kilómetros.

Sistema solar interior

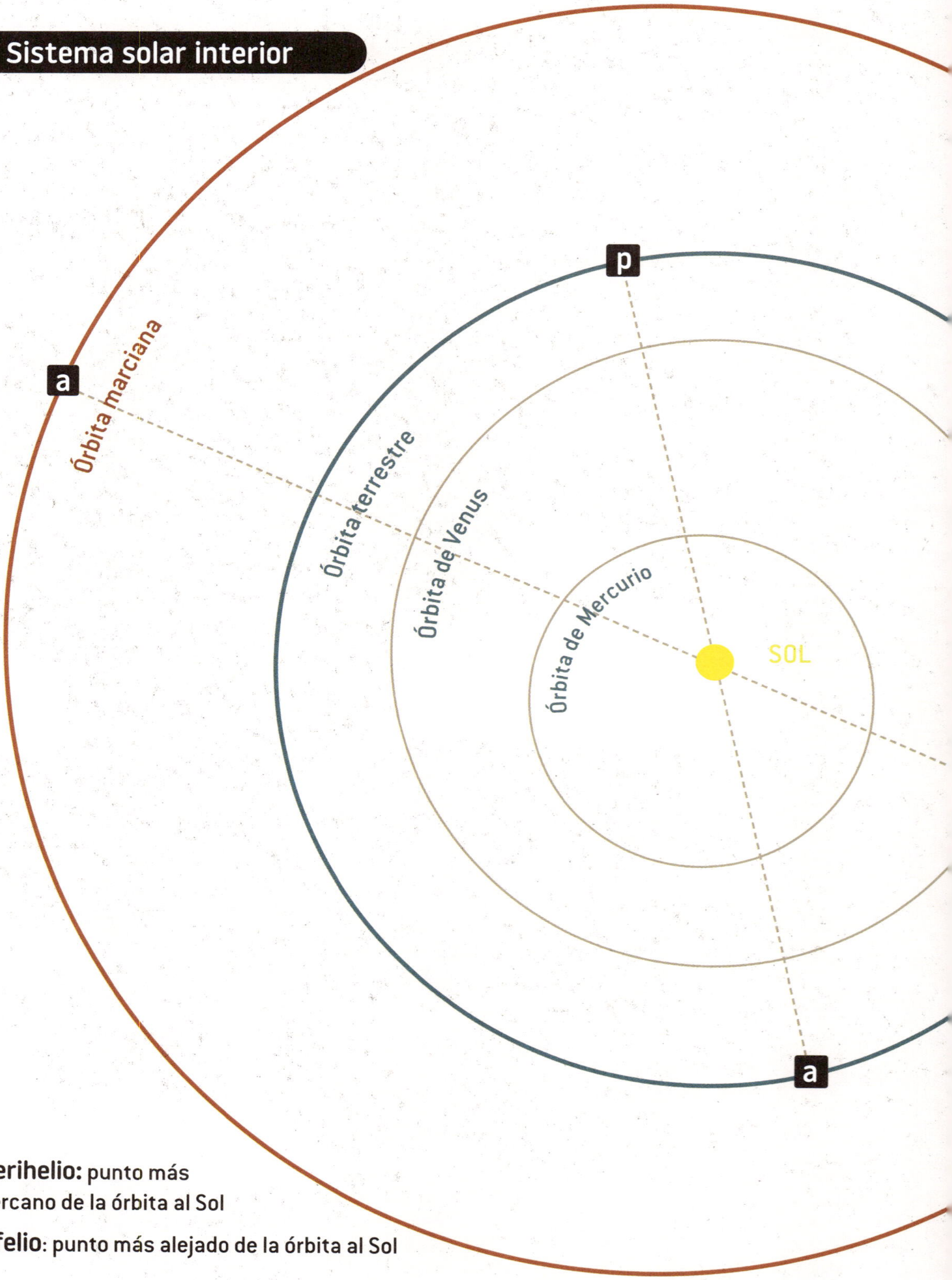

Órbita marciana
Órbita terrestre
Órbita de Venus
Órbita de Mercurio
SOL
p
a
a

p **Perihelio:** punto más cercano de la órbita al Sol

a **Afelio**: punto más alejado de la órbita al Sol

Período orbital:

Marte tarda 687 días en completar una órbita alrededor del Sol, es decir, un año marciano son casi dos años terrestres. La distancia entre Marte y la Tierra varía mucho dependiendo de en qué momento de sus respectivos ciclos orbitales se encuentren.

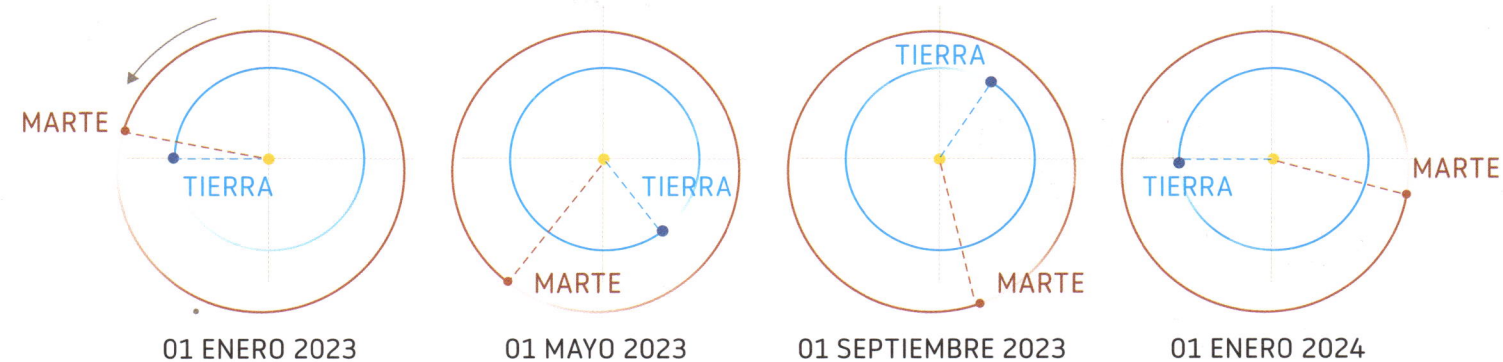

| 01 ENERO 2023 | 01 MAYO 2023 | 01 SEPTIEMBRE 2023 | 01 ENERO 2024 |

 Para poder ver la rotación de los planetas, satélites y asteroides de nuestro sistema, visita eyes.nasa.gov/apps/asteroids

LAS OPOSICIONES DE MARTE

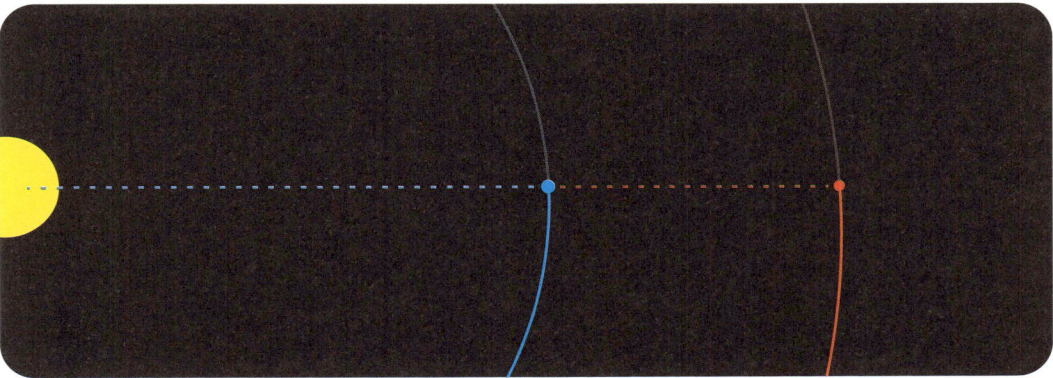

Las oposiciones se dan cuando la Tierra y Marte están alineados con el Sol. Ocurren cada 780 días (unos 2 años y 2 meses) y son el momento en el que los dos planetas suelen estar más cerca el uno del otro.

Las oposiciones son ideales para la observación de Marte y marcan las «ventanas de lanzamiento» de las misiones a Marte, ya que es cuando está más cerca de la Tierra.

Como los períodos orbitales de la Tierra y Marte son distintos, las oposiciones no tienden a suceder en los mismos puntos orbitales. Por eso las distancias mínimas no siempre son iguales.

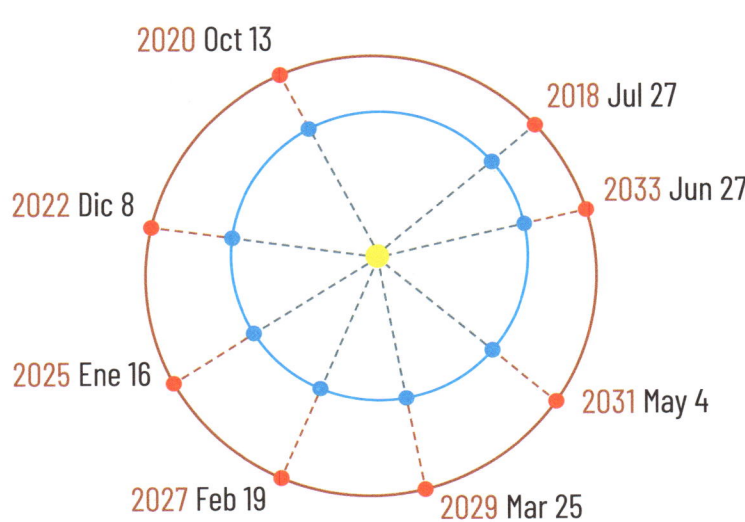

UN POCO DE MECÁNICA ORBITAL

Enviar una nave desde la Tierra hasta Marte no es fácil. Los dos planetas se desplazan alrededor del Sol en sus respectivas órbitas.

Como están siempre en movimiento, tenemos que trazar una órbita elíptica para calcular el punto exacto en el que la nave, transcurrido el tiempo de viaje, se encontrará Marte.

Para lograrlo, hay que sincronizar el movimiento de la nave con el del planeta. Es parecido a lo que hace un jugador de fútbol americano cuando hace un pase largo: lo envía hasta el punto en el que calcula que estará su compañero de equipo.

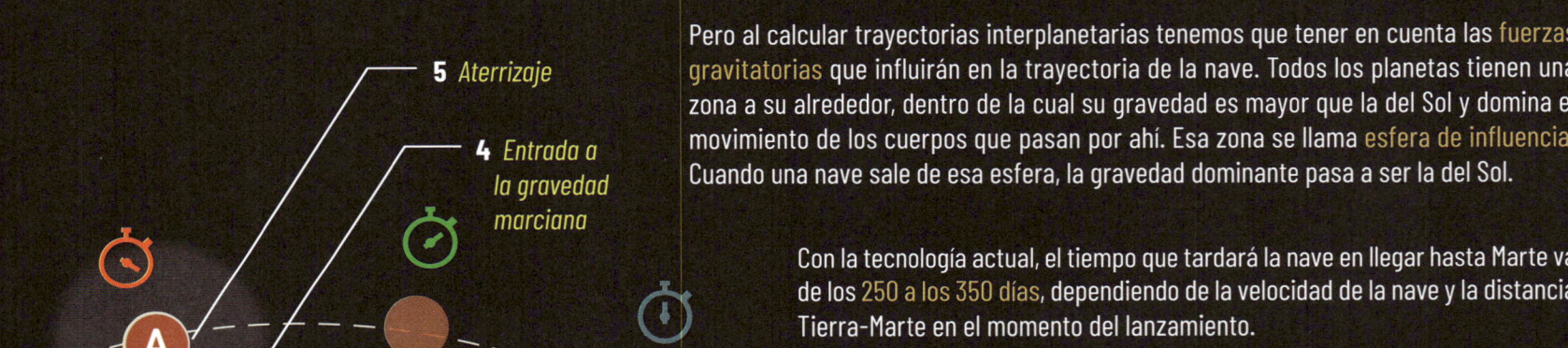

Pero al calcular trayectorias interplanetarias tenemos que tener en cuenta las **fuerzas gravitatorias** que influirán en la trayectoria de la nave. Todos los planetas tienen una zona a su alrededor, dentro de la cual su gravedad es mayor que la del Sol y domina el movimiento de los cuerpos que pasan por ahí. Esa zona se llama **esfera de influencia**. Cuando una nave sale de esa esfera, la gravedad dominante pasa a ser la del Sol.

Con la tecnología actual, el tiempo que tardará la nave en llegar hasta Marte va de los **250 a los 350 días**, dependiendo de la velocidad de la nave y la distancia Tierra-Marte en el momento del lanzamiento.

Súbete a la órbita: Del mismo modo que el jugador impulsa el balón solo al principio del lanzamiento, una vez la nave entra en una órbita con la velocidad adecuada, ya no debe propulsarse más para mantenerse dentro de esa órbita.
¡Es como subirse a un tren en marcha! **Los motores solo se encienden al inicio y al final**, aparte de pequeñas correcciones orbitales durante el crucero.

1 Lanzamiento

El viaje no se puede iniciar en cualquier momento, hay que esperar a que los planetas estén cerca de su oposición (ver página anterior). Esto sucede cada 780 días (dos años y cuatro meses) y se abre una ventana de lanzamiento que puede durar un mes.

2 Escape de la gravedad terrestre
3 Trayectoria alrededor del Sol
4 Entrada a la gravedad marciana
5 Aterrizaje

Esfera de influencia marciana
Esfera de influencia terrestre

El dibujo NO está a escala real.

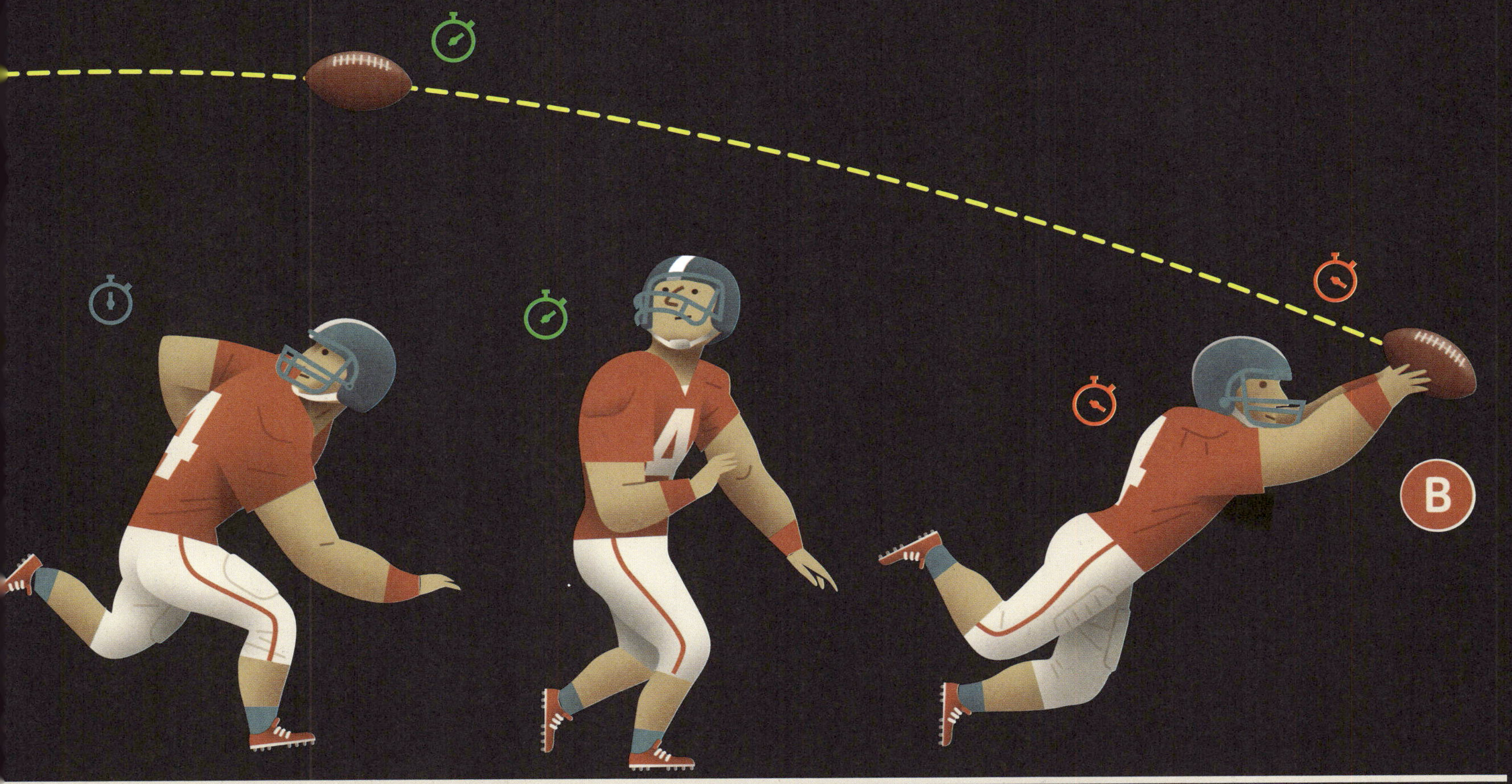

Trayectorias cónicas

Las órbitas de los cuerpos que orbitan libremente por el espacio (naves, asteroides...) siguen formas geométricas llamadas cónicas. Son círculos, elipses, parábolas o hipérbolas, dependiendo de la energía de cada cuerpo.

CÍRCULO

ELIPSE

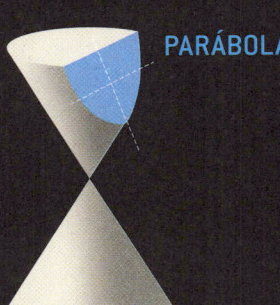
PARÁBOLA

HIPÉRBOLA

¡Todas esas formas geométricas se pueden obtener simplemente cortando un cono con un plano!

Utilizamos las distintas órbitas para poder calcular la trayectoria de los cuerpos en el espacio y el trayecto que deben seguir las naves para alcanzar sus objetivos.

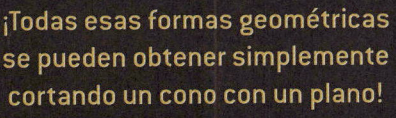
CÍRCULO
ELIPSE
PARÁBOLA
HIPÉRBOLA

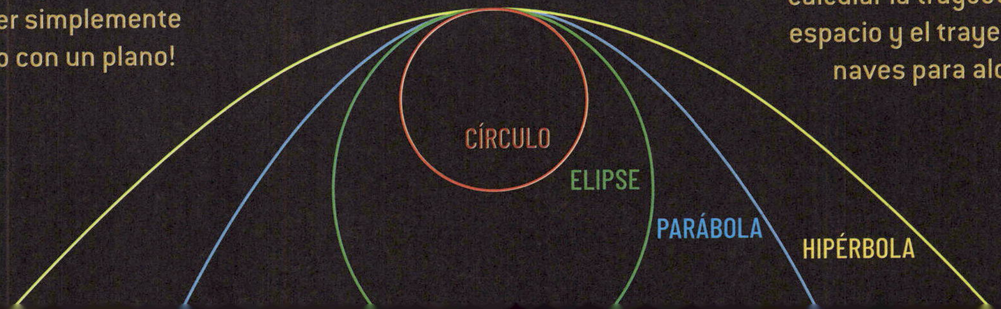

EL LANZAMIENTO

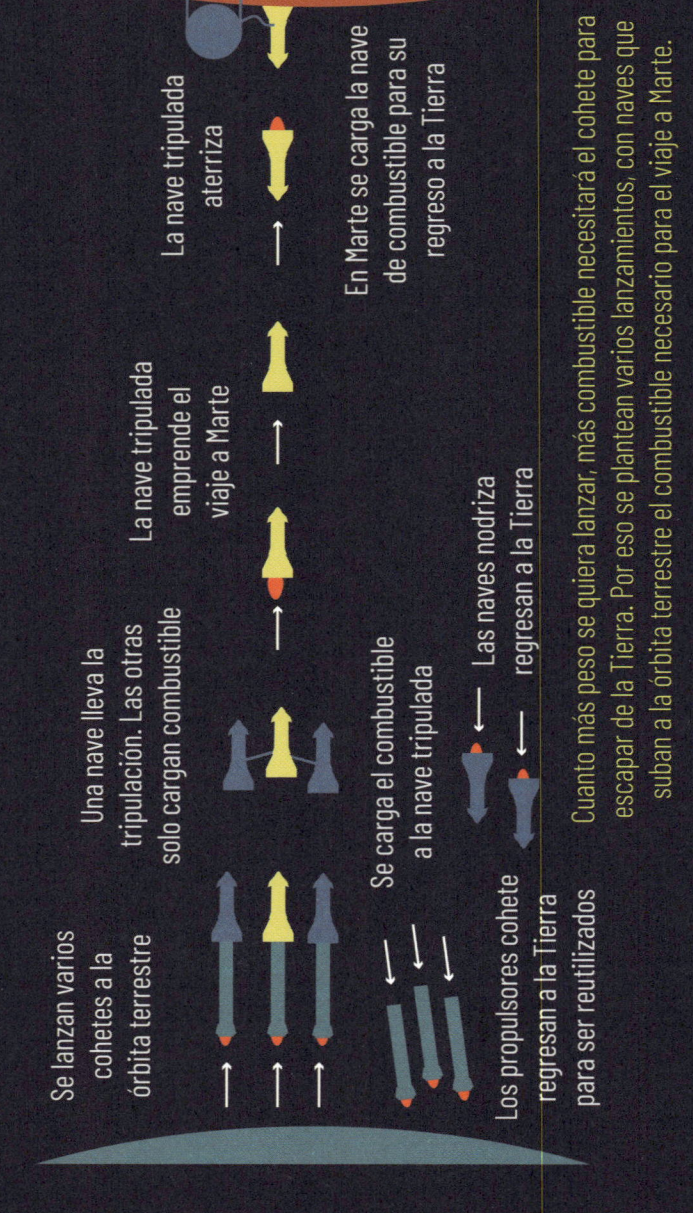

Se lanzan varios cohetes a la órbita terrestre

Una nave lleva la tripulación. Las otras solo cargan combustible

Se carga el combustible a la nave tripulada

Los propulsores cohete regresan a la Tierra para ser reutilizados

La nave tripulada emprende el viaje a Marte

Las naves nodriza regresan a la Tierra

En Marte se carga la nave de combustible para su regreso a la Tierra

La nave tripulada aterriza

Cuanto más peso se quiera lanzar, más combustible necesitará el cohete para escapar de la Tierra. Por eso se plantean varios lanzamientos, con naves que suban a la órbita terrestre el combustible necesario para el viaje a Marte.

EL INTERIOR
(ZONA DE TRIPULACIÓN)

CABINA DE COMUNICACIONES Y PILOTAJE / ESPACIO DE TRABAJO

MOTORES LATERALES

LA NAVE

ZONA DE TRIPULACIÓN

MOTORES Y DEPÓSITO DE COMBUSTIBLE DE LA NAVE

NAVE: preparada para viajar de forma autónoma hasta Marte

26

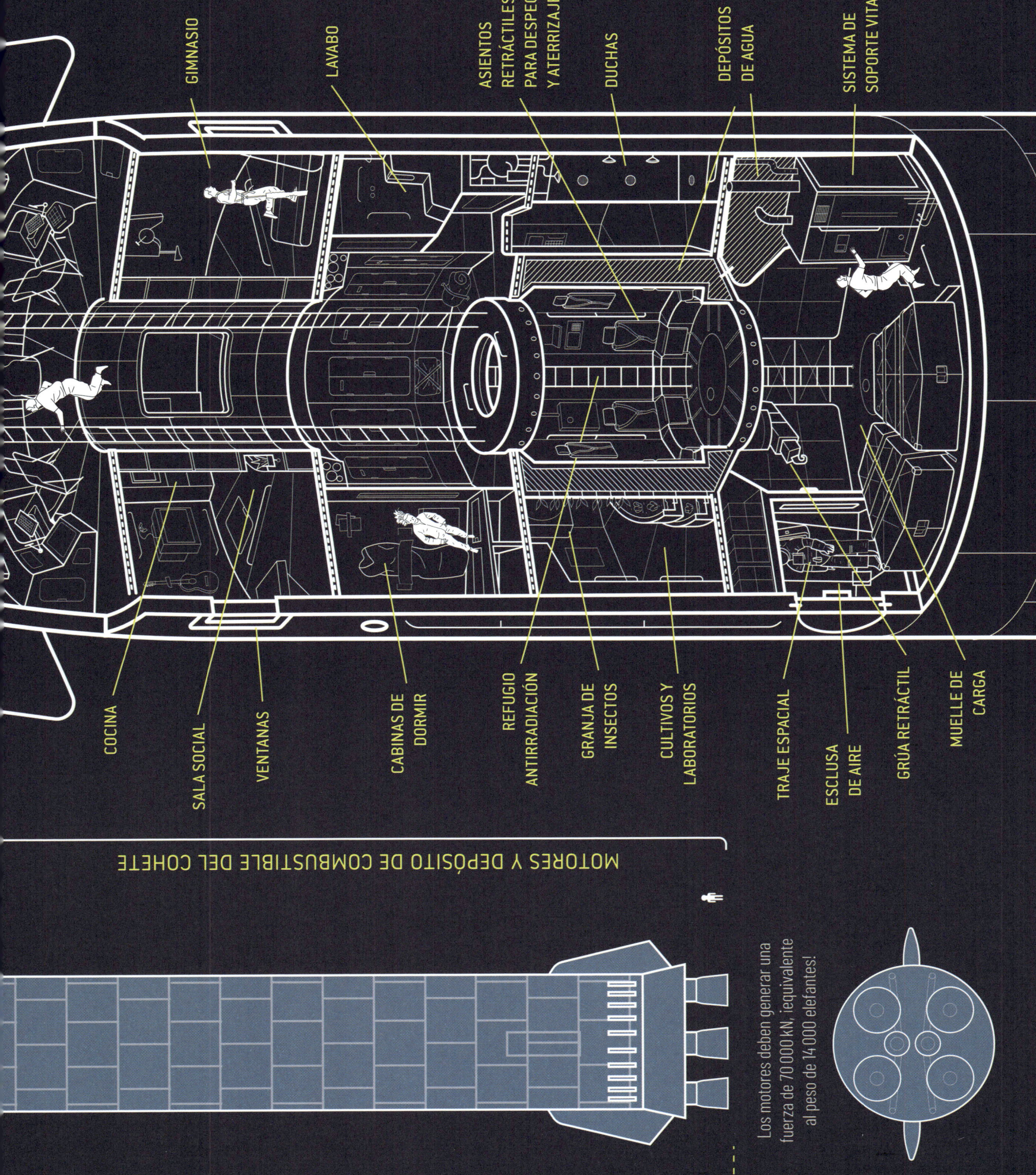

Jugando con la gravedad

Viajar desde la superficie de un planeta a otro requiere una sucesión de maniobras que incluyen despegue, aterrizaje, cambios de velocidad e inclinación en órbita y un largo crucero no propulsado. Una elegante coreografía entre la nave y la fuerza de la gravedad.

1. **Lanzamiento:** Para empezar el viaje, hay que alejarse de la superficie terrestre con un cohete capaz de vencer la gravedad y acelerar en la atmósfera hasta el espacio, a una órbita de unos 200 km de altura.

2. **Escape de la gravedad terrestre:** La nave se aleja de la Tierra hasta que sale de su esfera de influencia, vence su atracción gravitatoria, y entra en la influencia gravitatoria del Sol.

3. **Trayectoria heliocéntrica:** Una vez ha "escapado" de la gravedad terrestre, la nave sigue una trayectoria elíptica alrededor del Sol. Esta etapa no es propulsada, salvo unas pequeñas maniobras de corrección orbital puntuales.

4. **Entrada a la gravedad marciana:** Cuando la nave se ha acercado lo suficiente a Marte para entrar en su esfera de influencia, el efecto de la gravedad del planeta se hace muy grande y "atrapa" a la nave.

5. **Entrada, descenso y aterrizaje:** La última etapa del viaje termina con la nave en reposo sobre la superficie marciana. Esta etapa se caracteriza por "los siete minutos de terror".

La radio señal entre Marte y la Tierra tarda más de cuatro minutos en ir y otros cuatro en volver, por eso las naves deben ser autónomas a la hora de corregir sus posiciones de entrada y, sobre todo, en el proceso de aterrizaje.

El factor humano

Un viaje a Marte puede tardar hasta diez meses. Uno de los aspectos críticos de las primeras misiones tripuladas será el impacto psicológico en los astronautas después de tanto tiempo encerrados. Por eso, la nave deberá estar acondicionada con sistemas que aseguren el bienestar de sus pasajeros: iluminación adaptada a los ciclos día/noche terrestres, zonas comunes de ocio y socialización, espacios de privacidad y sistemas de comunicación con familiares y amistades en la Tierra.

Arquitectura de Misión

Cuanto más compleja es una misión espacial, más alternativas hay que estudiar. Para viajes tripulados a Marte, existen tres arquitecturas básicas:

Ascenso directo: Se lanza de golpe una nave grande, capaz de viajar y aterrizar sin separarse en módulos. Para conseguir un lanzamiento así se debe diseñar un cohete extremadamente potente. Esta es la arquitectura que propone la compañía SpaceX con su nave *Starship*.

Separación en órbita marciana: Se lanza de golpe una nave pequeña, que viaja hasta Marte y se separa en módulos al llegar. Uno de los módulos bajará a la superficie, mientras que los otros se quedan orbitando. Así el módulo de descenso es lo más pequeño posible y se ahorra combustible. Es la arquitectura que se usó en las misiones Apolo a la Luna.

Montaje en órbita terrestre: Se lanza la nave a trozos con varios cohetes y se monta en la órbita terrestre. Así se puede construir una nave muy grande, que no podría lanzarse con un solo cohete. Una vez montada, se inicia el viaje a Marte.

¡SIETE MINUTOS DE TERROR!

Son los minutos finales y están cargados de tensión. La nave llega a la atmósfera marciana viajando a 20 000 km/h y debe frenar bruscamente para aterrizar con éxito.

Al entrar en contacto con la atmósfera se reduce la velocidad, pero la nave debe protegerse de las altas temperaturas con un escudo térmico.

A continuación, se utilizan paracaídas, airbags o sistemas de retropropulsión para llegar sin velocidad al suelo.

Toda esta etapa la debe hacer la nave de manera autónoma. El control de misión en la Tierra pierde contacto con la nave y solo puede esperar la señal de: ¡ESTOY A SALVO EN MARTE!

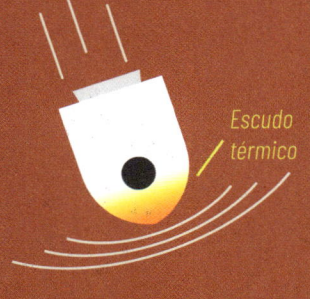  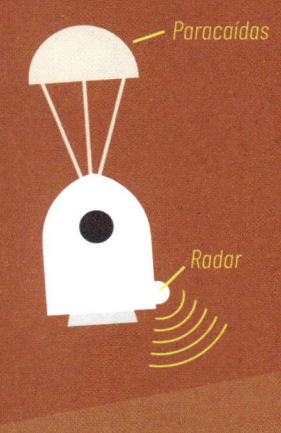  

FUTUROS VIAJES

En el futuro, las naves serán gigantescas estaciones espaciales que nos permitirán viajar por el sistema solar de manera rápida, confortable y transportando grandes cantidades de carga y pasajeros.

Sistema de propulsión

Muelle de carga

NAVES ORBITALES

A diferencia de las naves que usamos a principios del s. XXI, las naves orbitales no despegarán o aterrizarán desde la superficie de un planeta. Las podremos construir directamente en el espacio, mucho más grandes, eficientes y económicas.

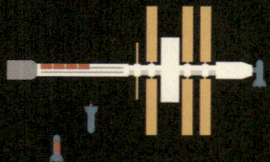 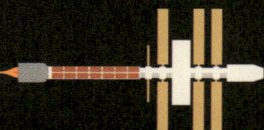

Para transportar carga y pasajeros desde un planeta hasta la nave orbital, se utilizarán naves lanzaderas que sí aterrizarán y despegarán desde la superficie.

Gravedad artificial

Haciendo girar un habitáculo en forma de anillo, la fuerza centrífuga empuja a los pasajeros hacia el exterior, creando una gravedad artificial que evitará los problemas físicos derivados de la ingravidez prolongada durante el viaje.

En un viaje a Marte, la gravedad artificial podría irse reduciendo durante el viaje para adaptar el cuerpo humano a la gravedad marciana.

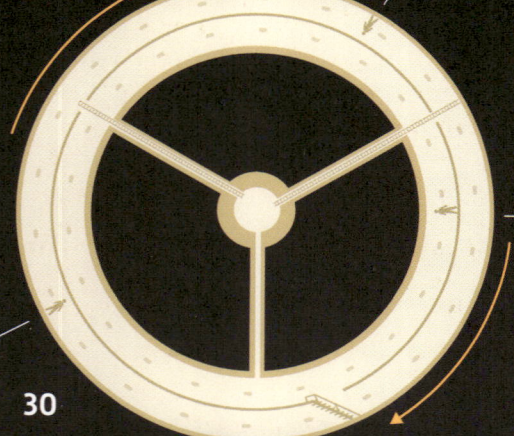

La fuerza centrífuga es la que notas al tomar una curva dentro del coche o la que hace que los calcetines se peguen al tambor de la lavadora. Gracias a ella podemos crear gravedad artificial.

Lanzadera

Paneles fotovoltaicos

Anillo giratorio habitable

Escotillas de acceso

Nave de emergencia

Soporte vital biológico

La generación de oxígeno y comida, así como la eliminación del CO_2, se conseguirá gracias a sistemas biológicos formados por plantas y algas. El sistema replica parte de la biosfera que tenemos en la Tierra y permite ahorrar peso en viajes largos (además de proporcionar comida fresca).

Inteligencia artificial

La inteligencia artificial se encargará de la mayoría de los procesos críticos, como el pilotaje, la monitorización de los sistemas de la nave o la generación de comida y oxígeno.

SISTEMAS DE PROPULSIÓN

FACTIBILIDAD / **TIEMPO DE VIAJE**

Sistema en uso — **7-9 meses**

Propulsión química
El motor empuja la nave expulsando por una tobera gases a gran velocidad que se aceleran quemando el combustible para convertir la energía química en movimiento.

Sistema desarrollado — **5-6 meses**

Motores iónicos
La nave se propulsa gracias a un chorro de iones acelerados con grandes campos eléctricos. Estos motores complementarían a los motores de propulsión química para reducir el tiempo de viaje.

Sistema en desarrollo

Motores de fisión
Se detonarían minibombas nucleares que empujarían la nave gracias a su onda expansiva.

15 días

Velas solares
Un láser extremadamente potente empujaría la nave mediante una vela. Su principal problema es la inmensa potencia necesaria para alimentar los láseres.

1 día

Motores de fusión
Se recogería el hidrógeno presente en el medio interplanetario (sí, el vacío del espacio NO está tan vacío, hay 1000 átomos de hidrógeno por cada cm^3) y se usaría para alimentar un reactor de fusión nuclear.

Casi ciencia ficción — **1 hora**

Motores de antimateria
La propulsión se conseguiría con la aniquilación entre materia y antimateria. La colisión entre una partícula y su correspondiente antipartícula libera una inmensa cantidad de energía, con una eficiencia del 100 %. ¡Unos poquitos gramos serían suficientes para viajar mucho más lejos que Marte!

Ciencia ficción — **<5 minutos**

Motor de Curvatura *(Warp Drive)*
Este motor permitiría viajar más rápido que la luz gracias a la deformación del tejido espacio-tiempo producida por materia "exótica", que empujaría la nave como una ola hace con un surfista.

DESPLEGANDO LA BASE 0

Para garantizar la supervivencia de una colonia en Marte, primero necesitaremos establecer un asentamiento base desde donde poder desplegar las infraestructuras mínimas y asegurarnos que todos los sistemas esenciales funcionan correctamente en las duras condiciones marcianas antes de la llegada de los colonos. Para poder desplegar toda la tecnología, la maquinaria y las herramientas necesarias harán falta varias misiones de carga.

1- Vehículo de llegada (y retorno)

El cohete aterrizará con todos los módulos empaquetados en su interior, tendrá un sistema de descarga (grúa) y cierta autonomía energética.

Podrá aprovisionarse en la misma base para un viaje de retorno o para asumir la función de lanzadera para subir y bajar materiales. Como combustible utilizará una combinación de gases básicos con oxígeno.

Necesita: *Gases licuados.*
Proporciona: *Desplegando la base inicial, su estructura puede alojar algunos de los módulos (hábitats, talleres, laboratorios).*

2- Recolectores de recursos

Para obtener los recursos necesarios de la atmósfera y suelo marciano.

Los recursos más básicos son el dióxido de carbono (CO_2) y el agua (H_2O). De la atmósfera de Marte podremos recoger el CO_2 con compresores y filtros para eliminar las partículas de polvo. Y de su suelo extraeremos H_2O calentando arcillas hidratadas a unos 400 °C. El sitio ideal para colocar el módulo de extracción de agua será una zona con regolito suelto (arenosa o con dunas) para que un *rover* mecanizado pueda transportar las arcillas.

Necesita: *Energía, arcillas.*
Proporciona: *Atmósfera marciana comprimida y vapor de agua.*

3- Planta química

Para transformar recursos simples en sustancias más complejas.

Al procesar el agua y el CO_2 obtenemos moléculas simples, algunas tan importantes como el carbono (C), el hidrógeno (H_2) o el oxígeno (O_2), que se pueden usar directamente (como el O_2 para respirar) o utilizar como ingredientes de la química orgánica en la que se basa la vida terrestre y nuestra tecnología.

Necesita: *Agua y atmósfera marciana comprimida, energía eléctrica y/o térmica.*
Proporciona: *Gases esenciales básicos.*

4- Tanques

Para almacenar los gases esenciales y los recursos recolectados (CO_2 y H_2O).

Los tanques almacenarán gases a presión o licuados a muy baja temperatura. Deberán ser muy resistentes y soportar los ciclos térmicos extremos de Marte. Almacenar gases también es almacenar energía. Por ejemplo, H_2 con O_2 puede usarse para generar electricidad, o la combustión de los gases con O_2 puede usarse como combustible.

Necesita: *Recursos en fase gaseosa y líquida, energía.*
Proporciona: *Distribución de los recursos y energía.*

9- Módulos de energía

Para generar la energía necesaria, eléctrica y térmica, para que la base pueda funcionar.

Lo más práctico para empezar sería usar algunos pequeños reactores nucleares, pues generarán energía de forma continua (entre 30 y 100 kW cada uno). También desplegaremos paneles solares para tener más energía y un sistema secundario en caso de fallo. Por cuestiones de seguridad, los módulos nucleares estarán situados al menos a un kilómetro de la base.

Necesita: Mantenimiento.
Produce: Energía.

8- Hábitats

Para los primeros colonos y constructores de la ciudad.

Las viviendas iniciales serán módulos desplegables sobre la superficie o directamente estarán alojadas dentro del cohete. Es imprescindible que esos primeros hábitats lleven incorporados los sistemas de reciclaje de agua, el sistema de soporte vital, el control de clima, etc. y cuenten con un mínimo confort para una buena salud física y mental de sus habitantes. Si recubrimos los hábitats con regolito marciano, reduciremos el impacto de la radiación y los ciclos térmicos.

Necesita: Gases, energía, soporte vital.
Proporciona: Los elementos esenciales para la supervivencia inmediata de los colonos, incluidos servicios básicos.

7- Invernaderos

Para transformar el CO_2 y el agua en alimentos, fibras o incluso medicinas.

Ese será el papel de los invernaderos, con cultivos muy eficientes y biorreactores (como hongos o bacterias) producirán todos los nutrientes básicos para la supervivencia de los habitantes de la ciudad. Para evitar importaciones, extracciones de recursos, etc., se necesitará crear un sistema cerrado para aprovechar al máximo todos los materiales.

Necesita: Gases, agua, desechos orgánicos, elementos traza, energía.
Proporciona: Alimentos y materiales avanzados.

5- Vehículos de superficie

Para desplazamientos, transporte de materiales o construcción de infraestructuras.

Como mínimo será necesario un *rover* para el desplazamiento de tripulantes, otro para mover y arrastrar grandes piezas, y otro para realizar excavaciones. De los tres, al menos uno deberá tener la cabina presurizada. Los vehículos necesitarán un módulo taller para su mantenimiento y reparaciones. Además, tanto los *rovers* como la maquinaria deberán funcionar de manera remota o autosuficiente para minimizar la actividad humana sobre la superficie.

Necesita: Energía (o combustible), taller de reparaciones.
Proporciona: Desplazamiento y despliegue de los módulos de la base. Excavación y movimientos de tierra.

6- Talleres y laboratorios

Para realizar tareas complejas: construcción de componentes, reparación o procesos químicos para productos avanzados.

El taller contará con una tecnología versátil y robusta, y de fácil reparación con derivados simples de los gases almacenados. Con uno o más módulos de laboratorio para realizar experimentos científicos y tareas de mantenimiento de la base.

Necesita: Gases, energía, control térmico, soporte vital.
Proporciona: Mantenimiento de la infraestructura, productos avanzados, investigación básica.

Los primeros habitantes de Marte serán científicos, arquitectos, ingenieros y trabajadores que deberán sentar las bases para establecer la primera ciudad. Pero construir las estructuras del primer núcleo en un entorno hostil como el marciano, plantea una serie de desafíos muy diferentes a los que se enfrentan arquitectos e ingenieros en la Tierra, retos que condicionarán la manera de construir y vivir en el Planeta Rojo.

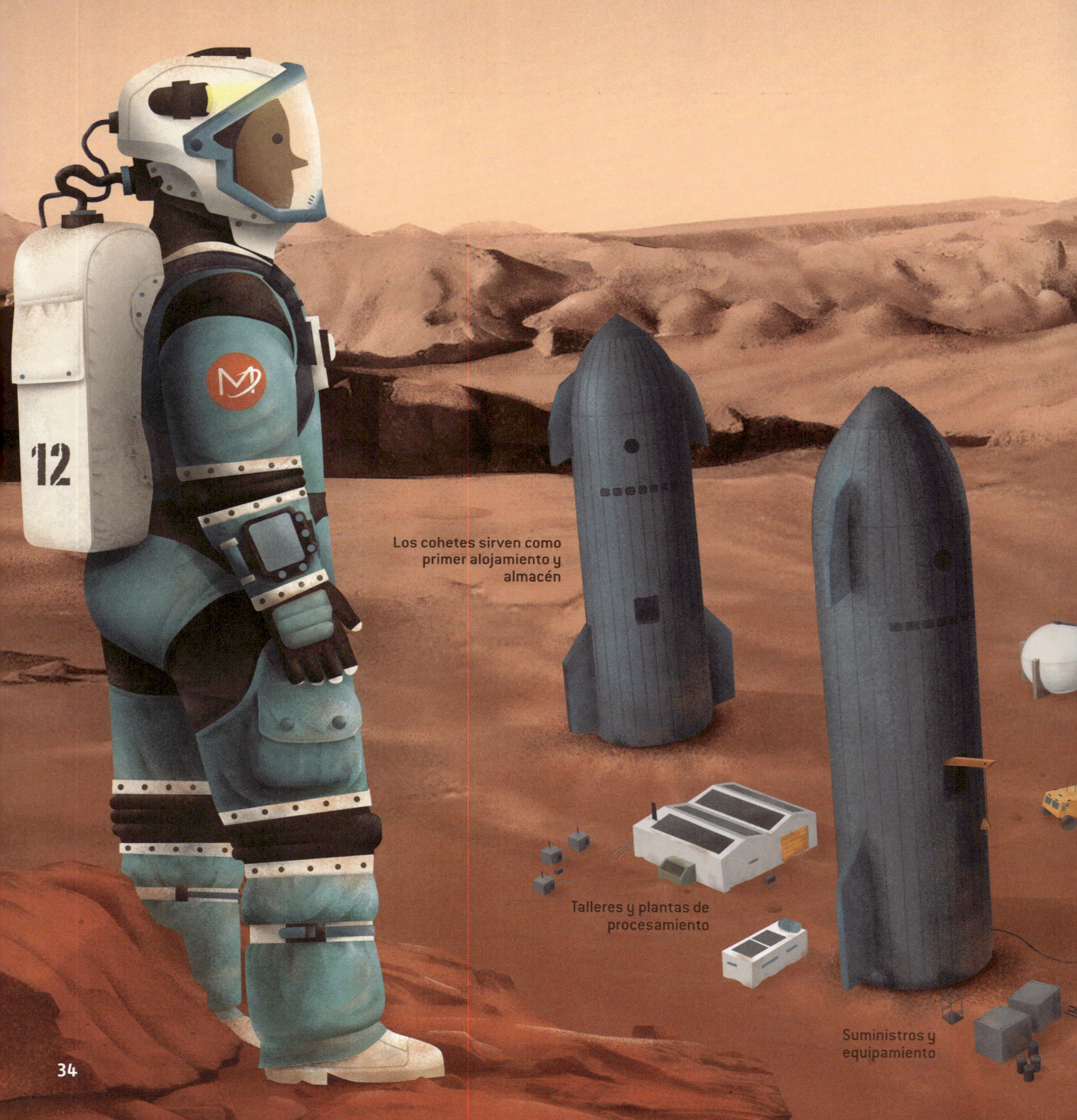

Los cohetes sirven como primer alojamiento y almacén

Talleres y plantas de procesamiento

Suministros y equipamiento

RETOS DE LA CONSTRUCCIÓN EN MARTE

 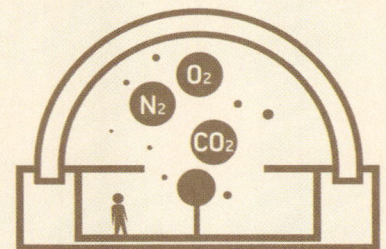 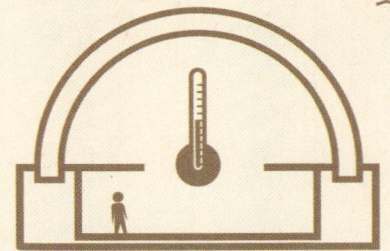 

PRESURIZACIÓN

La presión atmosférica en Marte es tan baja que no podríamos sobrevivir en ella más allá de unos pocos segundos. Si queremos crear espacios habitables en Marte necesitamos recrear la presión atmosférica terrestre. Construirlos plantea todo un reto, pues la presurización comporta una gran presión hacia el exterior.

Para evitar que los edificios estallen deberán contar con estructuras sólidas, materiales resistentes que sean fáciles de conseguir y procesar en Marte, y diseños para evitar ambientes psicológicamente asfixiantes.
(👁 pp. 14-15)

ATMÓSFERA

Para vivir necesitamos mantener una atmósfera químicamente parecida a la terrestre. Para recrearla necesitaremos ir supliendo el oxígeno, controlando el contenido de vapor de agua y el de otros gases como el dióxido de carbono, y los productos de las reacciones relacionadas con la actividad biológica y humana (metano, amoníaco, óxidos de nitrógeno...).

El proceso de filtrado se puede hacer con tecnología o con sistemas biológicos, creando ecosistemas cerrados que emulen los procesos de la Tierra.
(👁 pp. 14-15)

TEMPERATURA

Los materiales utilizados deberán mantener una temperatura confortable en el interior de los espacios presurizados y soportar grandes diferencias térmicas externas. El contraste entre la noche y el día marcianos puede ser de más de 100 °C, incluso durante el día puede haber grandes diferencias entre sol y sombra.

Los materiales deberán ser capaces de aislar térmicamente el interior del exterior y preservar sus propiedades mecánicas.
(👁 pp. 16-17)

RADIACIÓN

La radiación produce un daño acumulativo y, en pocos meses, causa graves problemas de salud. La fuente de radiación más peligrosa son las partículas de alta energía de los rayos cósmicos.

Observar horizontalmente a través de un cristal no es muy peligroso pero será necesario proteger las cubiertas de los edificios. Un par de metros de regolito o el uso de unas decenas de centímetros de materiales ricos en átomos de hidrógeno (como el agua o los plásticos) pueden ser suficientes.
(👁 pp. 12-13)

Una solución que permite mitigar los riesgos ambientales de Marte, y que a la vez utiliza el suelo marciano como recurso *in situ*, es **construir los edificios directamente bajo tierra**. Aunque los peligros no se eliminan del todo, la roca y el regolito marcianos alrededor y encima de las estructuras compensan la diferencia de presión, ayudan a la regulación térmica y protegen de la radiación.

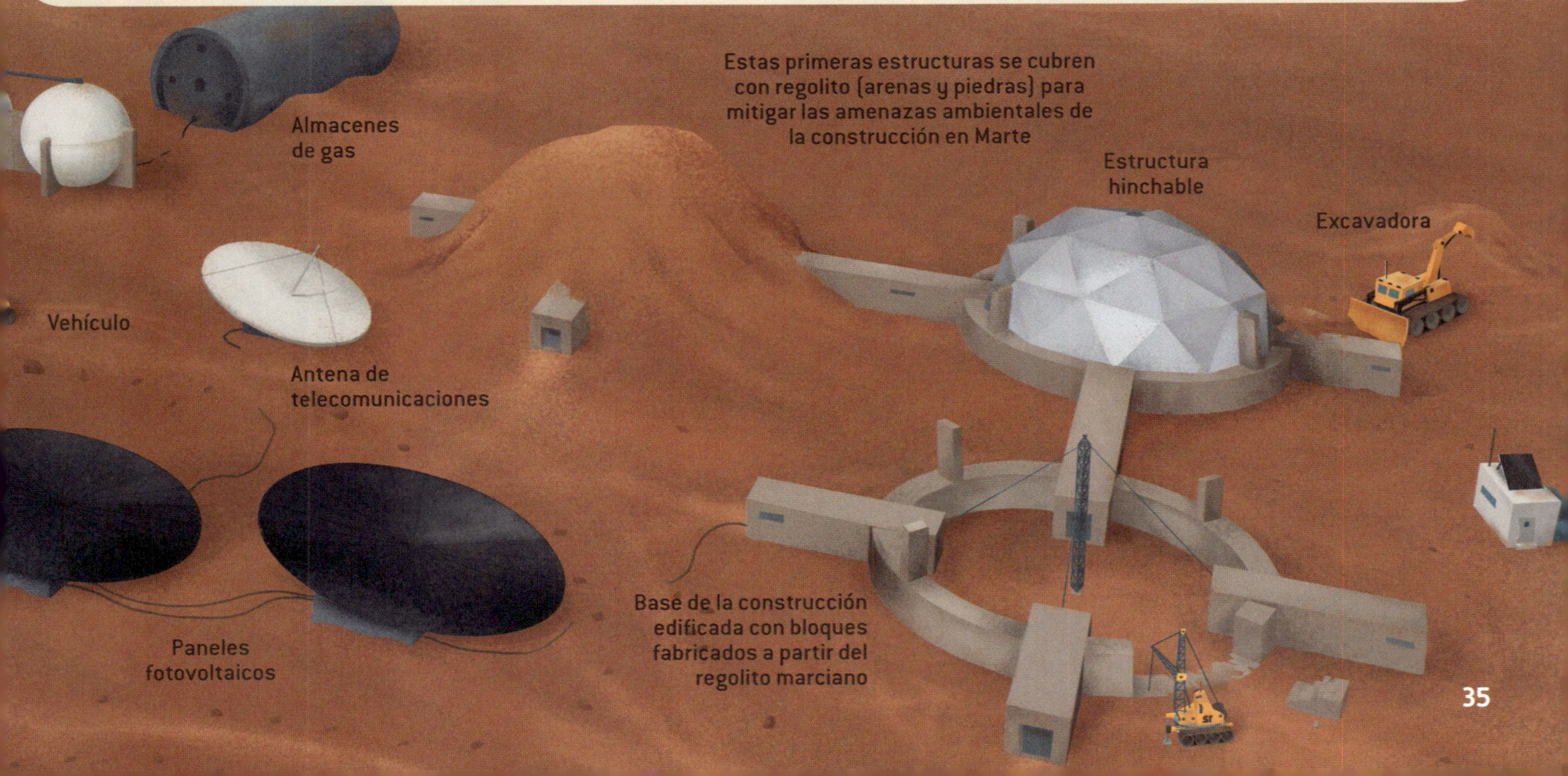

Almacenes de gas

Estas primeras estructuras se cubren con regolito (arenas y piedras) para mitigar las amenazas ambientales de la construcción en Marte

Estructura hinchable

Excavadora

Vehículo

Antena de telecomunicaciones

Paneles fotovoltaicos

Base de la construcción edificada con bloques fabricados a partir del regolito marciano

Una ciudad en Marte

Construir una ciudad bajo tierra mitiga los riesgos ambientales más inmediatos de Marte. Este concepto urbano usa el relieve natural como recurso para tener una ciudad vertical. Así será más densa, óptima y accesible a sus habitantes en todas sus zonas. La ciudad, integrada en un acantilado, tendrá los espacios habitados distribuidos en un sistema de túneles, permitirá puntos de iluminación natural y vistas al exterior y, a la vez, ofrecerá una protección casi total de los elementos.

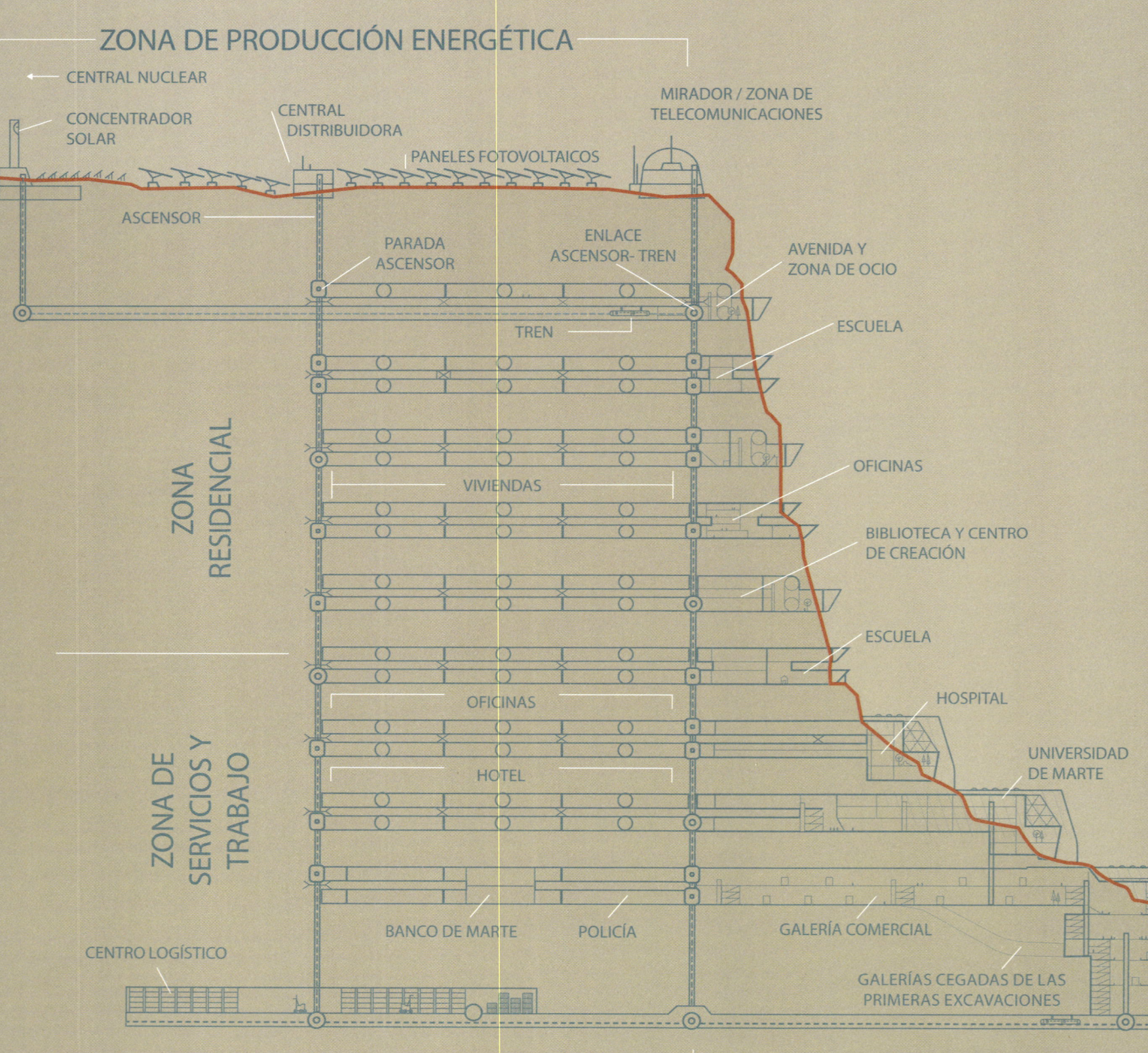

Pero una ciudad es mucho más que viviendas y edificios. Debe proporcionar confort, conectividad, y espacios adecuados para sus habitantes, donde la vida, la cultura y la economía puedan crecer y desarrollarse de manera natural. El concepto de esta ciudad consiste en un sistema de grandes túneles interconectados que se ramifican en cilindros donde se encuentran los espacios dedicados a las diferentes funciones. Los cilindros individuales actúan a modo de edificios y los grupos de cilindros como distritos.

DISTRITOS RESIDENCIALES
Además de espacios privados, como las viviendas, la ciudad deberá ofrecer servicios y zonas comunes como escuelas, parques, tiendas, bares y plazas en las que convivir.

ESPACIOS DE TRABAJO
Para la gestión de los servicios de la ciudad y el desarrollo de negocios, habrá oficinas, talleres y zonas de trabajo que permitan desarrollar la economía y cultura marcianas.

ESPACIOS PÚBLICOS Y GOBIERNO
Además de sedes gubernamentales o administraciones, la ciudad ofrecerá todo lo necesario para responder a las necesidades sociales: estadios deportivos, museos, albergues…

TRANSPORTE PÚBLICO
La ciudad ofrecerá una manera rápida de desplazarse, combinando ascensores verticales con trenes que la recorran a lo largo y ancho, uniéndola al astropuerto.

ZONA INDUSTRIAL Y CULTIVOS
Nuestra ciudad deberá ser autosuficiente, fabricar y producir casi todo lo necesario y contar con sistemas de almacenamiento y distribución de bienes.

PRODUCCIÓN ENERGÉTICA
Será imprescindible diversificar los sistemas de creación y distribución de energía para mantener de forma segura los sistemas de soporte vital a toda la ciudad.

VIVIENDA
Y ZONAS RESIDENCIALES

Los habitantes de Marte necesitarán un espacio privado para vivir. Pero los hogares de Marte verán sus espacios limitados y no tendrán accesos ni ventanas al exterior, ya que se ubicarán en el interior de los túneles interconectados que formarán la maraña de la ciudad tridimensional.

Las viviendas pertenecerán al gobierno de Marte, y las personas podrán ir cambiando de vivienda según sus necesidades vitales (familia, envejecimiento, problemas de salud...).

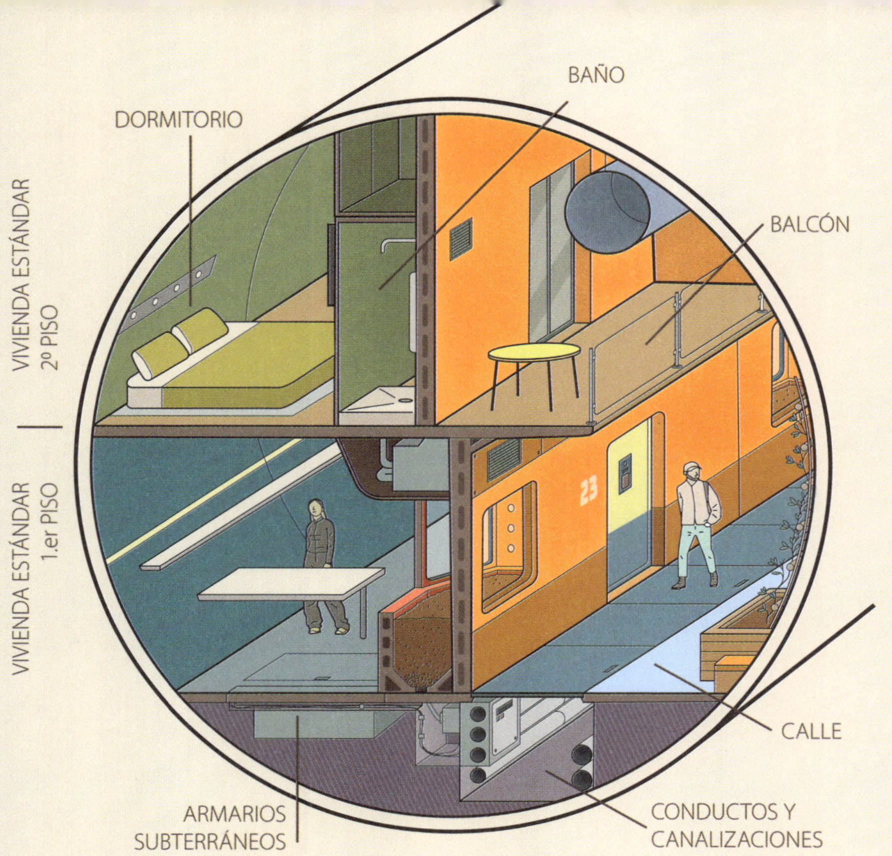

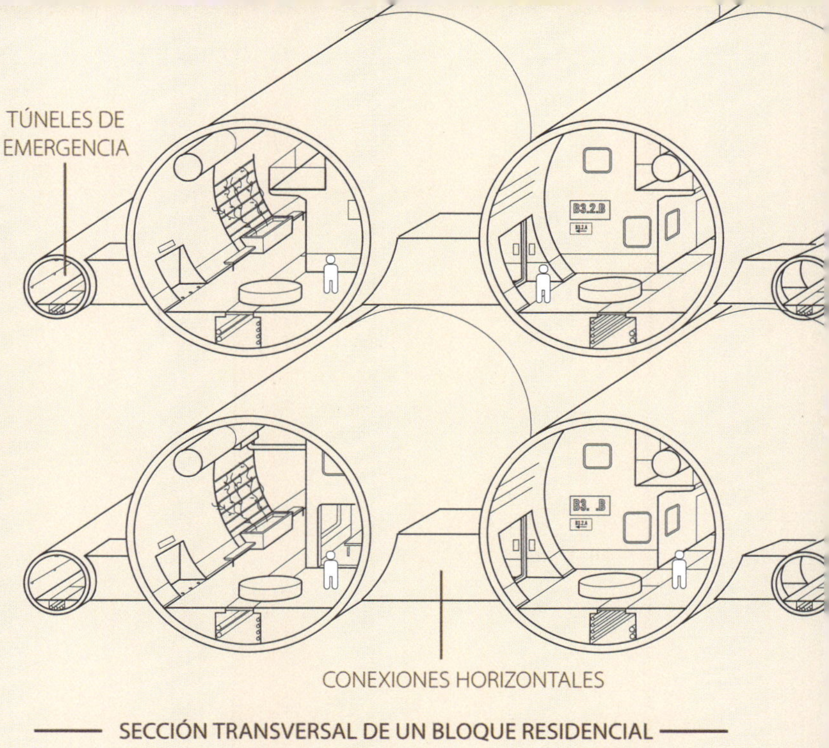

EDIFICIOS HORIZONTALES

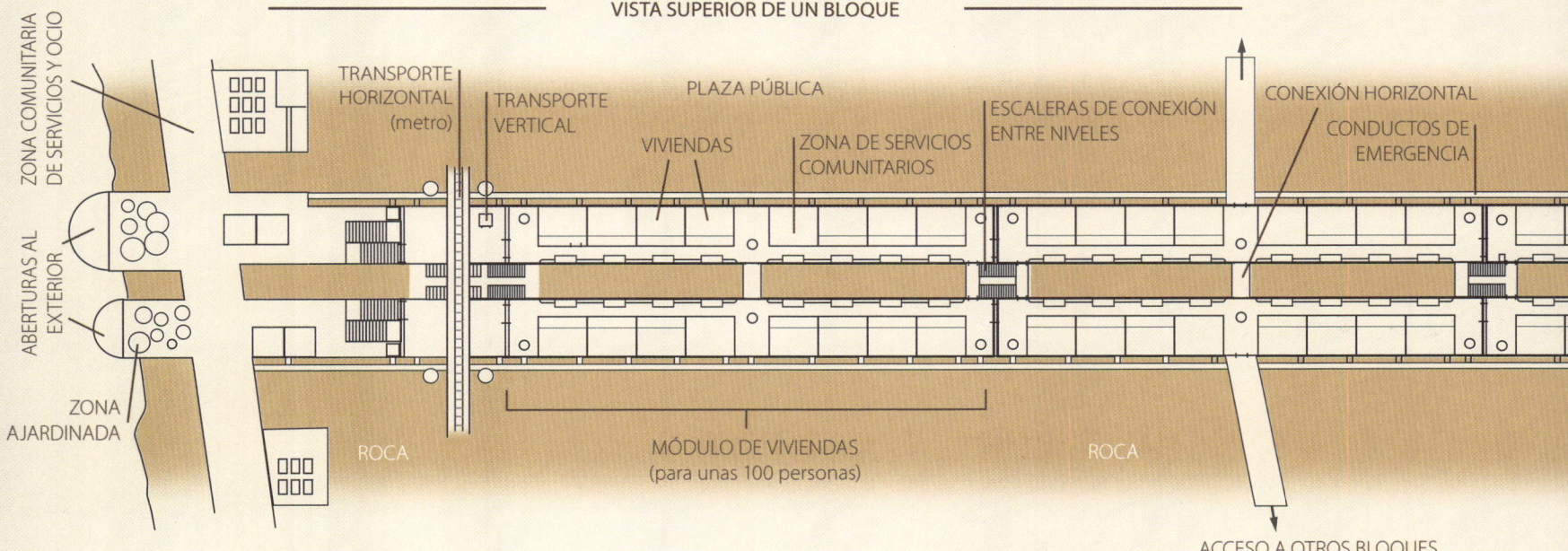

Los habitáculos formarán módulos de viviendas: con sus calles, plazas públicas o servicios de proximidad como lavanderías o dispensarios. A su vez, los módulos de viviendas se agruparán en conjuntos de cuatro túneles interconectados, que penetrarán en la roca centenares de metros, formando un bloque horizontal con una zona de servicios, ocio y vida comunitaria en su lado externo.

EL DISTRITO

Cada cierto número de bloques conformarán un distrito. Los niveles superiores del distrito serán sobre todo módulos de vivienda, mientras que las zonas de servicios y de trabajo se concentrarán en las zonas comunitarias de primera línea del acantilado con vistas al exterior. En los niveles inferiores, encontraremos grandes infraestructuras como universidades, centros logísticos y hospitales.

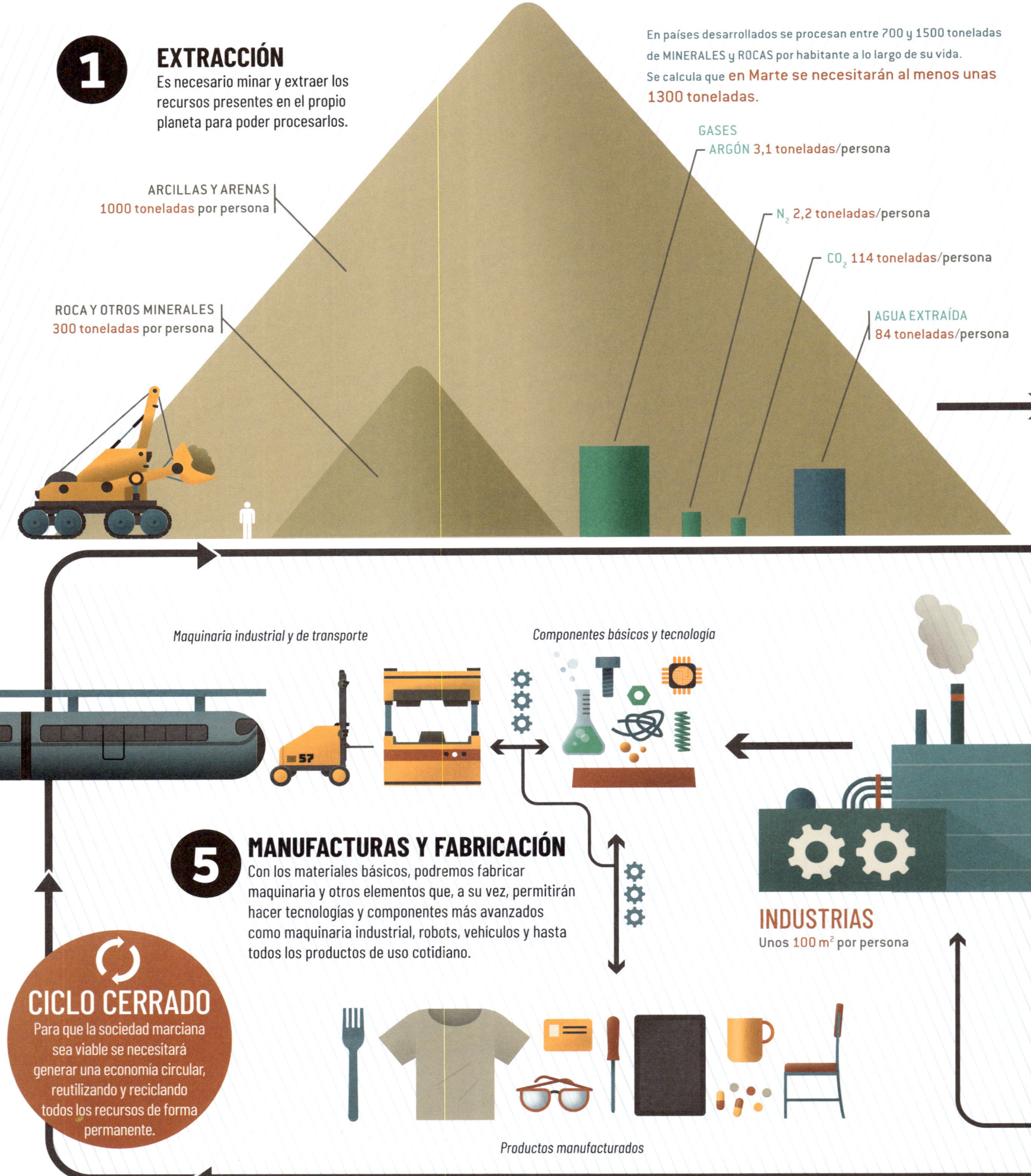

Necesitamos recursos e infraestructuras para organizarnos como sociedad. En la Tierra utilizamos (y a veces, agotamos) los recursos que nos proporciona nuestro planeta. Crear y mantener una ciudad en Marte supone enormes retos tecnológicos que implican una gran cantidad de procesos destinados a construir espacios, generar energía y mantener los sistemas de soporte vital. Todo esto tiene un enorme coste en recursos por cada uno de sus habitantes.

② TRANSFORMACIÓN

Los recursos extraídos de Marte se procesarán para obtener los materiales básicos (como metales, líquidos o gases) con procesos industriales que necesitan mucha energía.

SE REQUIEREN ENORMES CANTIDADES DE ENERGÍA PARA REALIZAR TODOS LOS PROCESOS

MATERIAS PRIMAS

- HIERRO Y ACERO 60 toneladas/persona
- GRAVAS Y CEMENTOS 311 toneladas/persona
- POLÍMEROS 36 t/persona
- MATERIALES AVANZADOS 8,9 t/persona
- DERIVADOS SIMPLES 36 t/persona
- METALES ESPECIALES 7,8 t/persona

④ CONSTRUCCIÓN DE INFRAESTRUCTURAS

Necesarias para sustentar las operaciones de la ciudad que, a su vez, se dividen en varios subsistemas: energía, comunicaciones, espacios habitables, producción de alimentos, red de transportes...

IA
La Inteligencia artificial nos ayudará a gestionar la enorme cantidad de parámetros y circunstancias, garantizando el funcionamiento del sistema con menor carga para el personal humano.

③ SISTEMAS DE SOPORTE VITAL
Encargados de mantener un entorno habitable

AGUA 80 t/persona
CO_2 114 t/persona

VIVIENDAS, SERVICIOS Y ESPACIOS COMUNES
250 m²/persona
(800 m³ excavados)

INVERNADEROS Y GRANJAS
Unos 100 m²/persona

Cada habitante necesita entre 50 kW y 120 kW de potencia energética
(Unos 10 kW por persona en países desarrollados de la Tierra)

INFRAESTRUCTURAS ENERGÉTICAS
Concentrador solar 276 m²/persona
Fotovoltaica 1380 m²/persona
Nuclear 276 m²/persona

TANQUES DE ALMACENAMIENTO
37 m³/persona

REDES DE TRANSPORTE
Urbano, externo e interplanetario

REDES DE COMUNICACIONES

VIDA COMUNITARIA

En Marte prácticamente toda la actividad humana se desarrollará bajo tierra. Por eso es muy importante que nuestra ciudad cuente con grandes espacios de encuentro y socialización con buena iluminación y protección. Las grandes áreas dedicadas al deporte o la cultura se situarán en la parte baja de la ciudad, con amplios edificios semienterrados (no excavados).

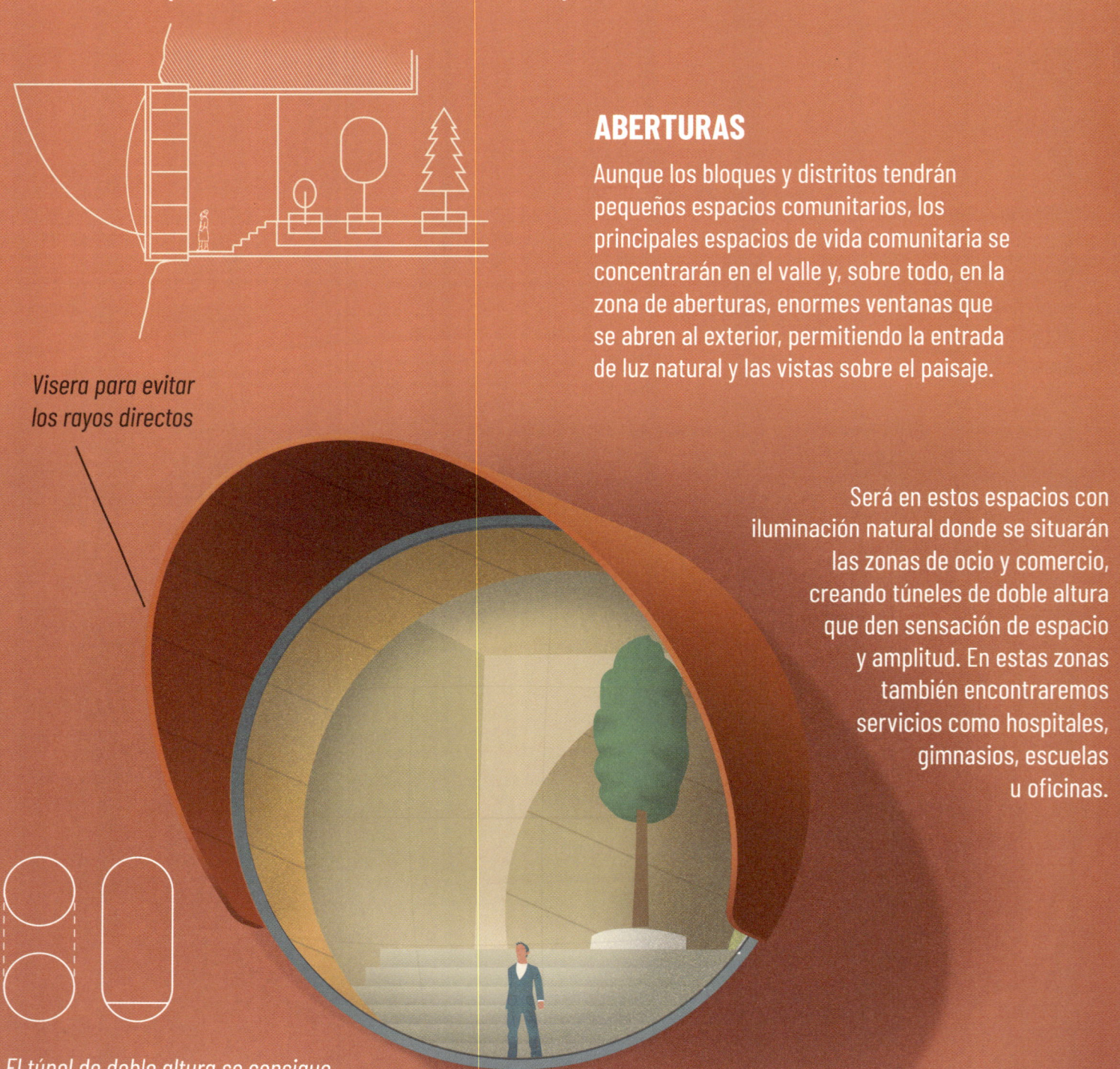

Visera para evitar los rayos directos

ABERTURAS

Aunque los bloques y distritos tendrán pequeños espacios comunitarios, los principales espacios de vida comunitaria se concentrarán en el valle y, sobre todo, en la zona de aberturas, enormes ventanas que se abren al exterior, permitiendo la entrada de luz natural y las vistas sobre el paisaje.

Será en estos espacios con iluminación natural donde se situarán las zonas de ocio y comercio, creando túneles de doble altura que den sensación de espacio y amplitud. En estas zonas también encontraremos servicios como hospitales, gimnasios, escuelas u oficinas.

El túnel de doble altura se consigue uniendo dos túneles superpuestos

ENERGÍA

Los humanos hemos evolucionado para vivir en la Tierra. Estamos adaptados a la presión de su atmósfera (que además nos proporciona el oxígeno que respiramos), y a su gravedad. Disponemos de abundante agua líquida, la temperatura es agradable y, por si fuera poco, nos proporciona alimentos naturales.

En Marte la cosa es bastante más hostil: su atmósfera es muy tenue y prácticamente no hay oxígeno, ninguna capa de ozono bloquea la radiación ultravioleta, las temperaturas son extremadamente bajas, la gravedad es tres veces menor que la de la Tierra, no hay agua líquida y, por si fuera poco, no hay nada comestible.

Pero con la tecnología actual, y la energía suficiente, podemos convertir Marte en un planeta donde el ser humano pueda vivir.

Necesitaremos la energía para realizar todos los procesos tecnológicos, químicos e industriales imprescindibles para transformar el entorno y desarrollar la sociedad y la economía marcianas.

ENERGÍA NUCLEAR

Los reactores nucleares tienen la ventaja de generar muchísima energía con poca cantidad de combustible. Serían una buena opción para empezar, pues el combustible nuclear (pocos gramos por habitante) podríamos transportarlo desde la Tierra.

La infraestructura necesaria para operar de forma segura un reactor nuclear sí requiere de una gran cantidad de materiales (hormigón y metales), pero estos los obtendremos *in situ*.

En un futuro, nuestra ciudad marciana podría utilizar reactores de torio (en desarrollo), ya que es un elemento que sabemos que existe en relativa abundancia en la superficie del planeta. ¡Y además deberían ser más seguros que los de uranio!

Es necesario disponer por lo menos de un 30 % de energía que no dependa del Sol

CONCENTRADORES SOLARES

Usando espejos, concentramos la luz solar en un punto para calentar agua. Así creamos vapor de agua que se utiliza para hacer girar una turbina y generar electricidad.

Aunque les afecte el oscurecimiento de la atmósfera durante las tormentas de polvo, tienen la ventaja de que los componentes se pueden fabricar con materiales locales relativamente simples (hierro, cristal, cableado, tuberías). Y, por lo tanto, son de más fácil construcción que las instalaciones fotovoltaicas.

ALMACENAMIENTO

Tenemos que tener en cuenta que por la noche no hace sol y nuestro sistema de soporte vital nunca puede quedarse sin energía. Así que tendremos que utilizar diversos tipos de sistemas de almacenaje (combustibles sintéticos, baterías químicas) para poder almacenarla.

Uno de los grandes retos que se nos plantean es la fabricación de los componentes que se utilizan para generar energía. Por ejemplo, para hacer una placa solar necesitaremos recoger materiales, procesarlos y fabricarlos. Todo ese proceso requerirá de una energía de la que aún no dispondremos. Por eso deberemos hacer las cosas paulatinamente y de forma escalonada.

SOLAR FOTOVOLTAICA

Las placas solares aprovechan la luz del Sol para generar electricidad directamente. En las misiones a Marte ya se han utilizado con éxito para dar energía a satélites en órbita y *rovers* de superficie. Comparten casi las mismas ventajas e inconvenientes que los concentradores solares, con la diferencia de que los materiales que transforman la luz solar en energía (los llamados semiconductores) son muy difíciles de fabricar en Marte.

Se estima que mantener a un humano en Marte a largo plazo requiere una potencia continuada de unos 50 kW, de los cuales 40 kW serían para los invernaderos. Si además queremos desarrollar una ciudad de un millón de habitantes en menos de 50 años, los requerimientos de potencia instalada por ciudadano suben a unos 120 kW.

Superficie fotovoltaica o de concentración solar necesaria por humano: 800 m^2 (en el ecuador marciano), hasta 2500 m^2 cerca de los polos.

Aproximadamente un 70 % de la energía necesaria provendrá del Sol

El Sistema de Soporte Vital que se encargará principalmente de generar oxígeno para respirar, crear un ambiente de temperatura y presión agradables, reciclar los gases y el agua, y de producir alimentos.

La electricidad es vital para la iluminación, el transporte y el uso de todo tipo de redes de comunicación, maquinaria y electrodomésticos.

Las fábricas de Marte requerirán energía para fabricar todo lo necesario para la vida cotidiana: ascensores, trenes, cables, tenedores, sillas, etc.

La producción de alimentos es el proceso que consume más energía de todos.

El agua es un recurso muy difícil de conseguir, por lo que debe ser reciclada permanentemente en un circuito cerrado y autosostenible.

PARQUES y zonas verdes

Marte no tiene campo magnético y su atmósfera es muy tenue. Como resultado, la radiación solar y la radiación cósmica son demasiado intensas en la superficie para que sobrevivan plantas y animales a largo plazo. Así que, si queremos disfrutar de espacios verdes con vistas al exterior, necesitaremos protegerlos con estructuras que eviten esas radiaciones, pero al mismo tiempo permitan contemplar el paisaje y los ciclos día y noche. Esos espacios se encontrarán en los distritos residenciales y en la parte baja del valle, donde se situarán las grandes zonas de servicio, con parques públicos ajardinados que se abrirán al exterior mediante cúpulas y miradores.

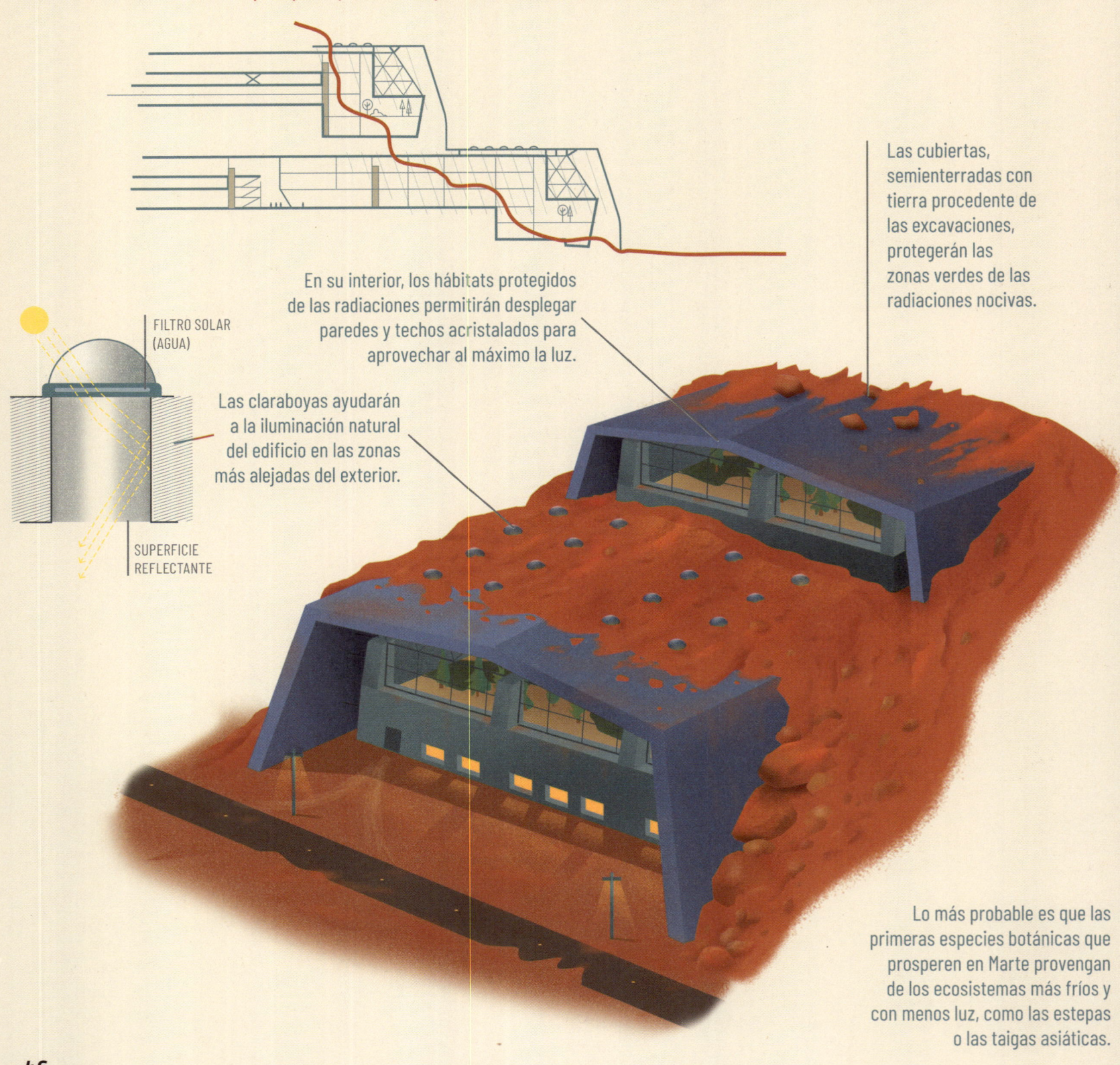

FILTRO SOLAR (AGUA)

SUPERFICIE REFLECTANTE

En su interior, los hábitats protegidos de las radiaciones permitirán desplegar paredes y techos acristalados para aprovechar al máximo la luz.

Las claraboyas ayudarán a la iluminación natural del edificio en las zonas más alejadas del exterior.

Las cubiertas, semienterradas con tierra procedente de las excavaciones, protegerán las zonas verdes de las radiaciones nocivas.

Lo más probable es que las primeras especies botánicas que prosperen en Marte provengan de los ecosistemas más fríos y con menos luz, como las estepas o las taigas asiáticas.

DIETA MARCIANA

Los alimentos proporcionan la energía y los nutrientes necesarios para que los seres vivos podamos funcionar y desarrollarnos. Además, tienen un papel importante en nuestro bienestar físico y mental. La dieta básica marciana deberá cubrir todas las necesidades y, además, producirse de forma eficiente y sostenible. Los cultivos y otros sistemas con organismos podrán usarse para producir materiales avanzados como fibras (algodón, cáñamo, lana), e incluso para su uso en estructuras (madera, bambú...).

20 %

ALGAS
Los cultivos de algas y microalgas como la espirulina pueden proporcionar comida en forma de ensaladas, galletas, cápsulas o bebidas. Además, pueden usarse para procesar el CO_2 y producir oxígeno (de forma más eficiente que las plantas), servir de abono o tomar parte en el proceso de filtrado del agua.

25 %

COMIDA SINTÉTICA
La producción de carne sintética, o el cultivo de hongos en biorreactores podrían representar una parte de la dieta que, a la larga, crearía nuevas recetas y formas creativas de cocina propias de la cultura marciana.

< 5 %

ANIMALES de GRANJA
Los animales típicos de granja (como gallinas, cerdos o peces) no son muy eficientes como fuente nutricional. Pero deberíamos incluirlos en nuestra dieta marciana (aunque en un porcentaje muy bajo), pues tienen un alto valor psicológico y actúan como almacenes de recursos.

< 5 %

INSECTOS
La cría de insectos es una forma mucho más rápida, barata y eficiente de obtener proteínas animales, por lo que sin duda formarán parte de la dieta marciana.

Un **BIORREACTOR** es un aparato que encierra un ambiente biológicamente activo con el fin de facilitar el crecimiento de cultivos celulares, tejidos o microorganismos mediante procesos bioquímicos.

Los **MÓDULOS DE AGRICULTURA** serán una estructura clave en los asentamientos marcianos. Son capaces de cultivar plantas en una atmósfera rica en CO_2, reduciendo el coste de construcción y mantenimiento. Las operaciones se ejecutarán de manera automatizada, pues la atmósfera de los módulos, con solo el 25 % de la presión terrestre, no será apta para los humanos.

Los módulos agrícolas pueden ubicarse en la superficie para usar en parte la luz en Marte, aunque la mayor parte de la energía deberá ser inyectada con luz artificial.

Se estima que se requiere una superficie de cultivo eficiente de unos 88 m² para alimentar a un humano en Marte.

El cultivo hidropónico es un método para el cultivo de plantas que no necesita suelo agrícola. Las raíces pueden crecer en un medio inerte como arena o grava, y reciben una solución nutritiva disuelta en agua con los elementos químicos esenciales para su desarrollo. Este método es una forma barata, limpia y sencilla de producir vegetales de rápido crecimiento, y una de las más eficientes que podremos usar en Marte.

Otros cultivos como algas, carne sintética y biorreactores también podrán situarse en esos módulos. Dependiendo de la tecnología utilizada, podrán estar en la oscuridad o con luz artificial.

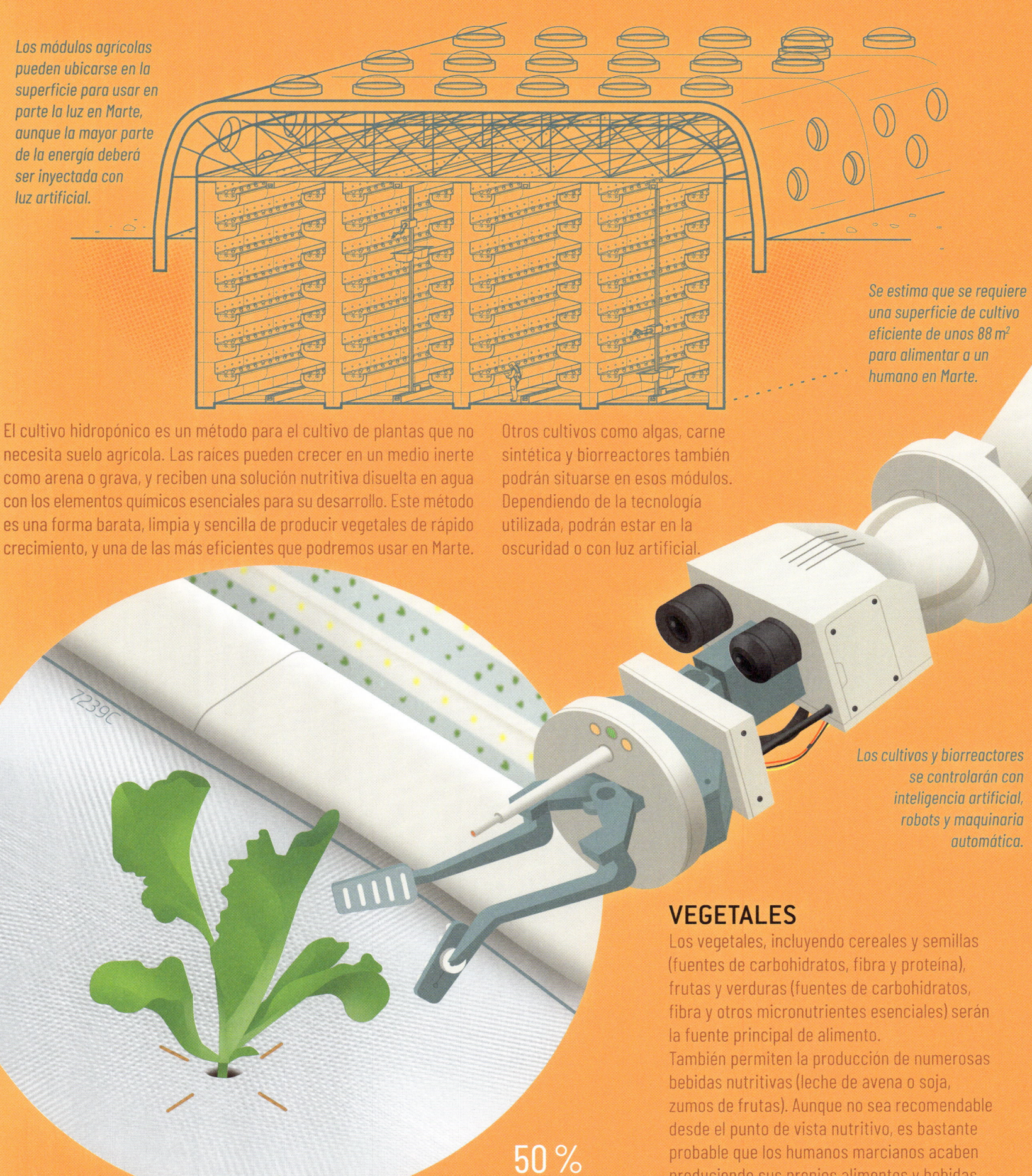

Los cultivos y biorreactores se controlarán con inteligencia artificial, robots y maquinaria automática.

50 %

VEGETALES

Los vegetales, incluyendo cereales y semillas (fuentes de carbohidratos, fibra y proteína), frutas y verduras (fuentes de carbohidratos, fibra y otros micronutrientes esenciales) serán la fuente principal de alimento.
También permiten la producción de numerosas bebidas nutritivas (leche de avena o soja, zumos de frutas). Aunque no sea recomendable desde el punto de vista nutritivo, es bastante probable que los humanos marcianos acaben produciendo sus propios alimentos y bebidas recreativas a partir de vegetales.

TRANSPORTE

La red de transporte está pensada para poder llegar de un punto a otro de la ciudad en unos pocos minutos. Conectará dos redes de transporte: la vertical formada por ascensores y la horizontal formada por trenes ligeros.

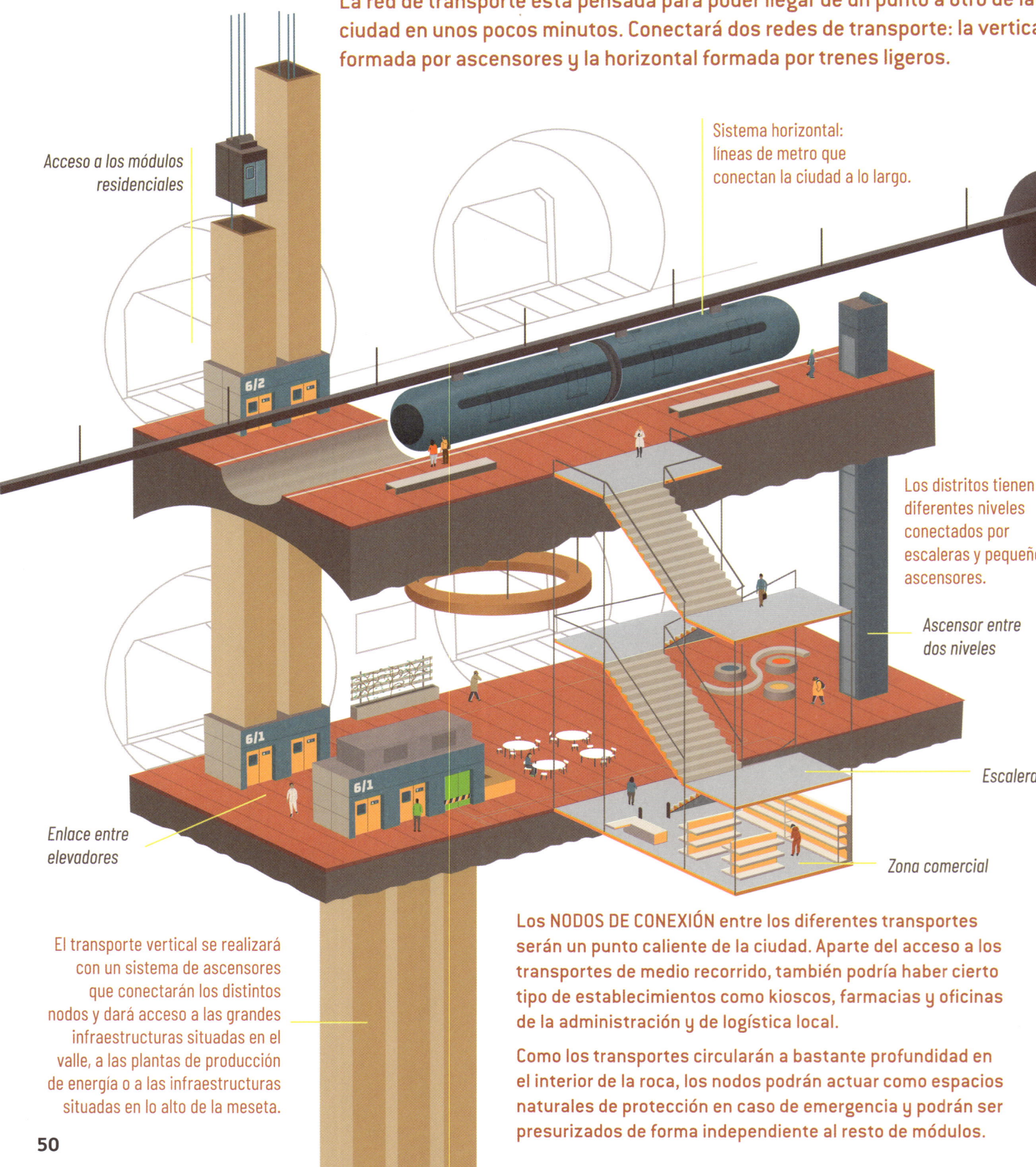

Acceso a los módulos residenciales

Sistema horizontal: líneas de metro que conectan la ciudad a lo largo.

Los distritos tienen diferentes niveles conectados por escaleras y pequeños ascensores.

Ascensor entre dos niveles

Escaleras

Enlace entre elevadores

Zona comercial

El transporte vertical se realizará con un sistema de ascensores que conectarán los distintos nodos y dará acceso a las grandes infraestructuras situadas en el valle, a las plantas de producción de energía o a las infraestructuras situadas en lo alto de la meseta.

Los NODOS DE CONEXIÓN entre los diferentes transportes serán un punto caliente de la ciudad. Aparte del acceso a los transportes de medio recorrido, también podría haber cierto tipo de establecimientos como kioscos, farmacias y oficinas de la administración y de logística local.

Como los transportes circularán a bastante profundidad en el interior de la roca, los nodos podrán actuar como espacios naturales de protección en caso de emergencia y podrán ser presurizados de forma independiente al resto de módulos.

MAPA DE TRANSPORTES DE LA CIUDAD

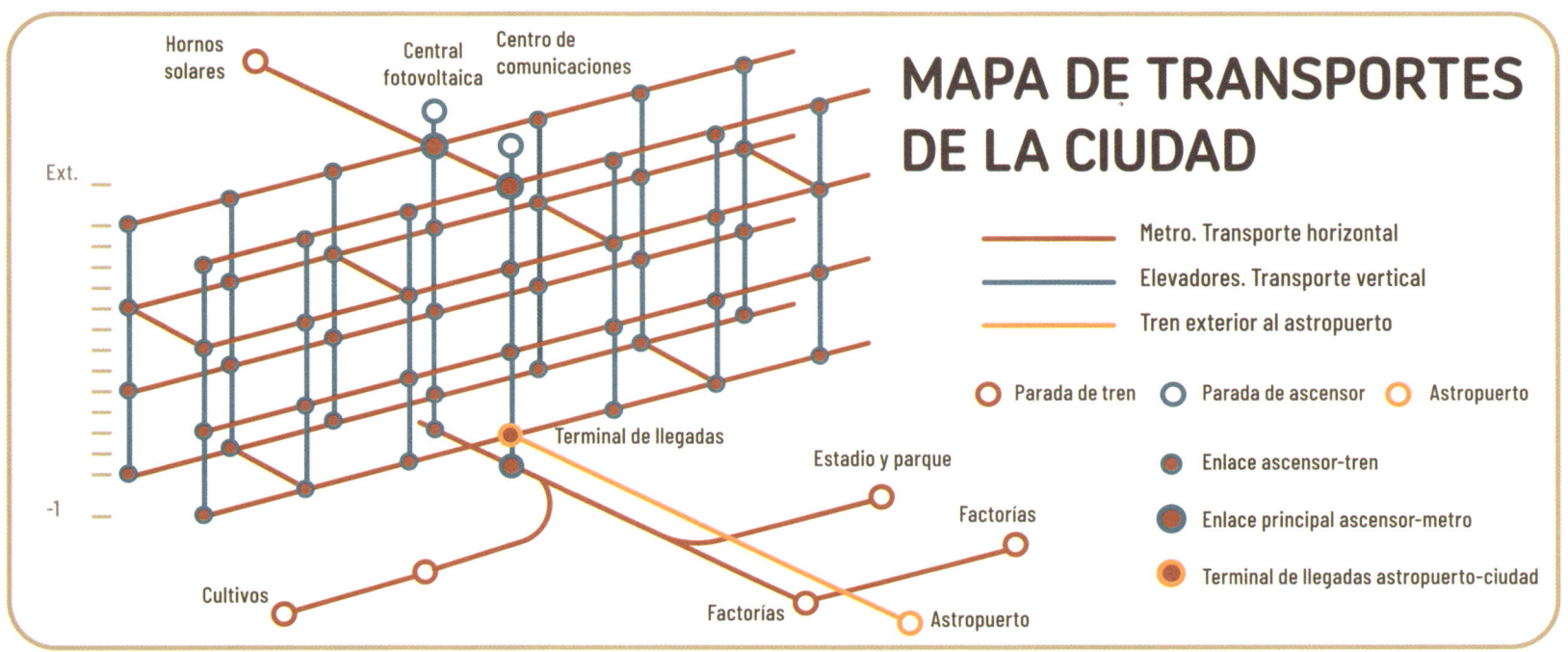

— Metro. Transporte horizontal
— Elevadores. Transporte vertical
— Tren exterior al astropuerto

○ Parada de tren   ○ Parada de ascensor   ○ Astropuerto
● Enlace ascensor-tren
● Enlace principal ascensor-metro
● Terminal de llegadas astropuerto-ciudad

El transporte privado será mínimo y restringido a vehículos muy ligeros tipo patinete o bicicleta eléctrica.

Los túneles deben ser diseñados para permitir el paso de pequeños vehículos para transporte de mercancías o personas en caso de emergencia.

Vehículo particular

Vehículo de emergencias médicas

Vehículo autónomo de transporte de mercancías

Rover exterior

Los vehículos exteriores, además de transportar mercancías y suministros, deberán contar con cabinas presurizadas para transportar a personas e infraestructuras a la central nuclear o al astropuerto.

LA SOCIEDAD

Los habitantes de Marte deberán adaptar su forma de vida a las características del planeta. También la sociedad evolucionará, alejándose de las costumbres de la Tierra para desarrollar una sociedad y una cultura marcianas.

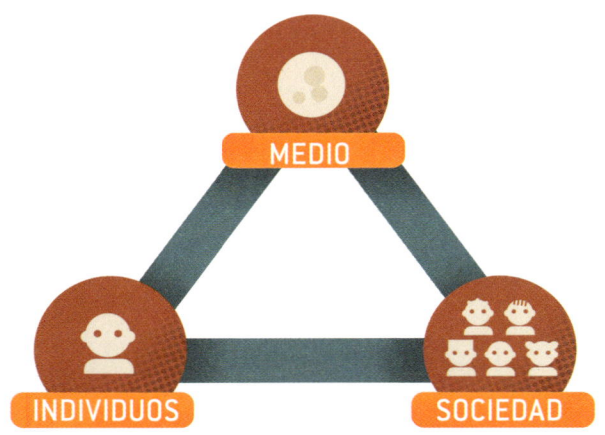

Los ciudadanos de Marte dependerán enormemente de la comunidad. Cuando se vive en un entorno tan hostil, es necesario confiar en la gente de alrededor y contribuir para asegurar la supervivencia del grupo. Por tanto, la educación y la sociedad deberán animar a cada individuo a ser parte activa de una comunidad sana y unida.

La dificultad de extraer y procesar los recursos en Marte, obligará a un cambio radical en la forma de entender las relaciones de los ciudadanos con el medio ambiente. En vez de modificar el entorno, los marcianos se verán obligados a adaptarse al planeta, cuidando lo que este ofrece para asegurar un uso sostenible de los recursos.

¿Quién gobernará Marte?

La sociedad marciana y sus órganos de gobierno evolucionarán a medida que aumente la población.

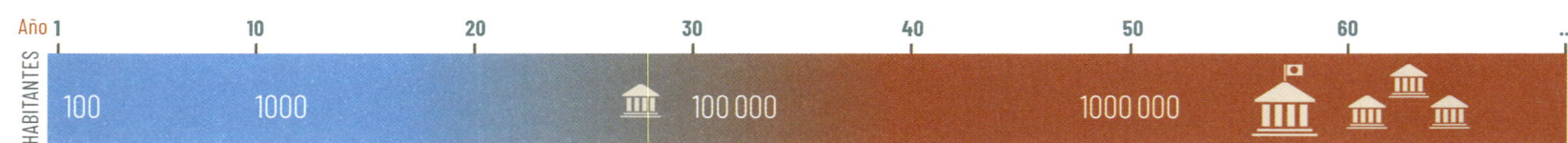

Fase corporativa
Los habitantes de las primeras bases serán científicos, ingenieros y trabajadores de empresas privadas. Dependerán política y económicamente de las decisiones que se tomen en la Tierra.

Fase semiautónoma
Cuando empiecen a crecer las primeras ciudades con miles de habitantes, aparecerá la necesidad de crear organismos de gobierno locales para la gestión del día a día. Sin embargo, la economía y las principales decisiones políticas seguirán siendo controladas desde la Tierra.

Hacia la independencia
En el momento en que Marte tenga ciudades grandes y complejas con más de 1 000 000 habitantes, la dependencia de la Tierra dejará de ser viable. Se crearán órganos de gobierno planetario y un sistema de leyes propias. Llegados a este punto y con el objetivo de evitar tensiones, deberán reformularse las relaciones y marcos legales entre Marte y la Tierra.

Una nueva oportunidad

Vivir en Marte supondrá un reto lleno de dificultades. Pero también será una oportunidad única para empezar de nuevo, intentando aprender de los errores cometidos en la Tierra.

Una sociedad marciana basada en la comunidad y el respeto por el medio ambiente, sería un espejo en el que los habitantes de la Tierra podrían mirarse para solucionar muchos de sus problemas.

Una economía comunitaria

En un entorno como el marciano, la supervivencia depende del acceso a los recursos e instalaciones de las ciudades: atmósfera respirable, energía, vivienda, asistencia sanitaria, comida… Por eso, todos los recursos vitales deben ser propiedad de la comunidad y la función del gobierno, con la ayuda de la inteligencia artificial, será gestionarlos y suministrarlos de forma gratuita a todas las personas.

Eso no impedirá que existan negocios y comercios privados en el sector del ocio, el comercio y servicios no esenciales.

Como todas las sociedades, la marciana desarrollará sus propios lenguajes artísticos y culturales. Al principio estarán muy emparentados con los diversos orígenes terrestres de los primeros habitantes, pero rápidamente se crearán nuevos lenguajes y formas de expresión utilizando la tecnología, los recursos y temas propios del planeta. Para ello, la ciudad debe tener espacios de creación y acceso al arte y la cultura como una de las piezas clave que vertebrarán la identidad colectiva de Marte.

TERRAFORMACIÓN

La terraformación será un proceso de "ingeniería planetaria" dirigido a mejorar el ambiente y el clima a nivel planetario. Aunque la idea pueda parecer descabellada, cabe recordar que los humanos, debido a nuestra actividad, ya hemos modificado nuestro mundo a nivel global, lo que ha conllevado el cambio climático terrestre.

Y, ¿cómo "terraformaríamos" Marte? Lo primero que tendríamos que hacer es calentar la atmósfera. Una posibilidad es hacerlo con gases de efecto invernadero como el mismo CO_2 marciano, vapor de agua, o gases más potentes como perfluorocarbonos.

Si logramos calentar lo suficiente la atmósfera, el agua que está congelada en el subsuelo se derretirá y fluirá de nuevo. Con el tiempo, conseguiremos un ciclo del agua parecido al de la Tierra: el agua se evapora, aumenta la presión de la atmósfera y cae en forma de lluvia sobre la superficie. El CO_2 congelado en los polos se evapora y la presión atmosférica aumenta más todavía, consiguiendo una atmósfera lo suficientemente densa como para calentar el planeta aún más.

La palabra "terraformación" hace referencia al concepto de transformar Marte en un planeta parecido a la Tierra que los humanos y otros organismos puedan habitar.

Hay científicos que han propuesto crear un campo magnético artificial para proteger el planeta de la radiación. La idea es colocar un dipolo magnético (un elemento que produce un campo magnético), como si fuera un satélite, para que acompañe al planeta en su órbita y lo proteja de la radiación cósmica y los vientos solares.

Por último, tendríamos que oxigenar la atmósfera marciana. En un ambiente sin oxígeno, los primeros organismos nativos podrían ser las cianobacterias, un grupo de microorganismos capaces de hacer la fotosíntesis y liberar oxígeno (O_2) a la atmósfera, tal y como ocurrió en la Tierra hace 2400 millones de años.
Con el tiempo, Marte pasaría a tener una atmósfera rica en oxígeno y apta para poder respirar. Con la temperatura y la presión adecuadas, con agua líquida en su superficie y con oxígeno atmosférico, Marte llegaría a reunir las condiciones adecuadas para que los humanos pudiéramos habitar su superficie sin protección.

Aunque a día de hoy la idea de terraformar Marte forma parte de la ciencia ficción, las mejoras y el avance de la tecnología de nuestra civilización nos invitan a soñar que algún día podamos tener otro planeta azul en el sistema solar en el que la vida pueda subsistir y abrirse camino libremente.

EDUARD ALTARRIBA i BIGAS
Diseñador e ilustrador, y cocreador de Alababalà, un pequeño estudio independiente enfocado en ofrecer servicios de edición y en la creación de proyectos editoriales de no ficción dirigidos al público infantil. Le gusta hacer libros, juegos, animaciones, aplicaciones y libros de trabajo que sean prácticos, instructivos, significativos y, por supuesto, divertidos.

GUILLEM ANGLADA-ESCUDÉ
Doctor e investigador en astrofísica, experto en astronomía observacional, instrumentación, y búsqueda de vida más allá de la Tierra. En 2016, lideró el equipo que descubrió Próxima b. Ha trabajado en instituciones académicas de distintos países como Estados Unidos, Alemania, Reino Unido y España. También ha trabajado en comunicación científica en colaboración con museos y entidades internacionales.

SHEDDAD KAID-SALAH FERRÓN
Es físico y farmacéutico, y un apasionado del conocimiento. Le encanta explicar ciencia, sobre todo a los más jóvenes. Escribe libros de divulgación científica para todo aquel que sienta curiosidad por el mundo que nos rodea.

MIQUEL SUREDA ANFRES
Físico y doctor en ingeniería aeroespacial. Trabaja como docente en la universidad e investiga sobre exploración espacial y asentamientos planetarios sostenibles. Dedica su tiempo libre a divulgar ciencia para todos los públicos a través de su proyecto Gaia Ciencia.

El concepto de ciudad marciana y el contenido de las páginas 32-53 dedicadas a ello están inspiradas en el estudio "*The Nüwa Concept. A development model for a self-sustainable city on Mars*" disponible a través de ResearchGate DOI: 10.13140/RG.2.2.29517.56803 (Creative Commons 4.0 Attribution-only) y también publicado en el libro *MARS CITY STATES New Societies for a New World*, 2020, editado por Frank Crossman y The Mars Society. Este estudio se elaboró dentro de SONet (The Sustainable Offworld Network) con contribuciones de Guillem Anglada-Escudé, Miquel Sureda, Gisela Detrell, Alfredo Muñoz, Owen H. Pearce, Gonzalo Rojas, Engeland Apostol, Sebastián Rodríguez, Verónica Florido, Ignasi Casanova, David Cullen, Miquel Banchs i Piqué, Philipp Hartlieb, Laia Ribas, David de la Torre, Jordi Miralda Escudé, Rafael Harillo Gomez-Pastrana, Lluís Soler Turu, Paula Betriu, Uygar Atalay, Pau Cardona, Oscar Macía, Eric Fimbinger, Stephanie Hensley, Carlos Sierra, Elena Montero, Robert Myhill, Rory Beard. Algunos elementos gráficos están inspirados en los trabajos de ABIBOO studio (https://abiboo.com/) y Pearce+ studio.

火星　मंगल ग्रह